글쓰기 발전소

김영학

도서출판 월인

김영학

· 문학박사
· 민주화운동 시절인 80년대 후반에 노래운동을 하다, 90년 <밥이 지일이여>라는 민족극에 배우로 참여하면서 연극에 관심을 갖게 되었다.
· 1995년과 1998년, 무등일보와 서울신문 신춘문예에 희곡이 당선되어 작가의 길로 들어섰다.
· 2000년 대산창작기금(희곡부문)을 수혜했고, 2001년 문예진흥원 신진문학가지원금(희곡부문)을 수혜했다.
· 2006년 극단 '허방'을 창단해 연출을 병행하고 있다.

현재 조선대, 전남대, 순천대 등에서 글쓰기 및 연극 관련 과목을 가르치고 있다.

주요 저서
『한국 희곡의 모더니즘과 비사실주의』『희곡창작』『영화와 텔레비전을 위한 극작 강의』『극작』『낯선 무대를 찾아서』

작품집
『나는 홍도로 간다』『가출』

글쓰기 발전소

초판 1쇄 인쇄 2012년 3월 27일
초판 1쇄 발행 2012년 3월 31일
지은이 김영학
펴낸이 박성복
펴낸곳 도서출판 월인
등록 제6-0364호(1998. 5. 4)
주소 142-879 서울특별시 강북구 수유2동 252-9
전화 (02) 912-5000
팩스 (02) 900-5036
e-mail worinnet@hanmail.net
homepage http://www.worin.net

ISBN 978-89-8477-510-7 93810

값 10,000원

❒ 추천의 글

대학교수가 중년 아줌마들을 위해 글쓰기 학습서를 냈다. 나는 본능적으로 교수라는 직함을 별로 좋아하지 않는다. 대부분이 식민지 지식인을 양산하는 도구에 지나지 않기 때문이다. 일방적이라고 욕해도 할 수 없다. 사실이니까. 식민지 지식인은 지식의 내용도 문제지만 그것을 표현하는 말이나 글이 더 문제이다. 그런 의미에서 나는 오랜 감옥생활을 감사히 여기고 있다. 출소 후 몇 십 년 만에 고향집 다락방을 청소하다가 대학시절 노트를 발견하였다. 단박에 그리운 시절로 되돌아 가는듯한 흥분감과 함께 조심스레 읽기 시작했다. 그런데 헐…. 몇 줄 읽다가 포기하고 말았다. 도저히 읽을 수가 없었다. 문장이 난삽한 것은 둘째 치고, 일본식 어투와 한자말 투성이였다. 그래도 당시엔 나름대로 글 좀 쓴다고 뻐기고 있었는데, 이럴 수가….

하긴 그 무렵 강의실의 칠판 위엔 한글이라곤 찾아 볼 수가 없었다. 교재라는 것도 온통 한자와 일본식 문장으로 써 있었다. 교수님의 말투나 사용하는 어휘 역시 교재를 소리 내어 읽는 수준을 벗어나지 않았다. 그야말로 식민지 지식인을 육성하는 데엔 최적의 환경이었다.

감옥에 갇혀 있었던 13년 동안 거의 하루도 빠짐없이 편지를 썼다. 형기가 확정되어 있지 않은 무기수에게 편지쓰기는 살아있음을 확인하는 유일한 소일거리였다. 수취인은 주로 가족과 친구들이다. 그리운 사람에게 편지 쓰는데 거창한 한자말이나 '~적'으로 이어지는 일본말을 쓸 까닭이 없다. 마치 옆에 있는 사람에게 속삭이듯 나긋나긋하게 썼다. 적어도 편지를 쓰는 동안만큼은 눈앞에 사랑하는 사람이 있다는 착각 가운데 살았다. 그렇게 스스로를 위로하며 살아남았다. 바깥 사회와의 단절은 식민지적 글쓰기의 단절을 의미했고, 편지쓰기는 새로운 글쓰기를 위한 훈련과정이 되었다. <야생초 편지>는 그 과정에서 태어난 작품이다.

출소 후 <야생초 편지>의 인기에 힘입어 수많은 강연을 다녔다. 가는 곳마다 새로운 자아에 눈뜨기 시작한 중년의 아줌마들을 만났다. 아줌마들은 새로운 느낌을 어떻게든 글로 표현하고 싶은데 어찌할 줄 몰라 여기 기웃 저기 기웃하고 있었다. 주최 측에서 부탁한 강연주제가 있는데 뜬금없이 글쓰기 얘기를 할 수도 없고… 하여튼 이 시대 아줌마들의 강렬한 표현 욕구를 절감하고 있던 터에 김영학 선생님께서 이렇게 훌륭한 학습서를 내주시니 오히려 내가 감사드리고 싶다. 초고를 읽으면서 나의 글 속에 여전히 많은 '좋지 않은 습관'들이 남아있음을 확인한다. 아무쪼록 이 학습서가 우리 아줌마들의 예사롭지 않은 '말빨'을 멋지게 표현할 수 있는 좋은 길잡이가 되길 바란다.

<야생초 편지>의 저자

바우 황대권 씀

□ 머리말

대학에서 오랫동안 글쓰기 강좌를 맡아오면서 기회가 오면 학교 울타리를 벗어나 가르쳐보고 싶었다. 뜻이 통했을까? 일 년도 채 안되어 기회가 왔다. 2010년부터 광주성공회센터에서 글쓰기 강좌를 맡게 된 것이다. 여성을 상대로 한 무료글쓰기 교실인데, 벌써 4기를 배출했다.

수강생은 대부분 중년여성으로 어릴 적 문학소녀였던 분들이 많았다. 글쓰기를 잊고 지내다 이제야 글에 대한 갈증을 풀려고 참여한 것이다. 또 작가가 되려는 분과 이미 등단했지만 글쓰기를 체계적으로 배우고 싶어 문을 두드린 수강생도 있었다.

이렇듯 교실을 찾은 분들의 수강 목적이 달랐기에, 강의안을 마련하기 어려웠다. 그렇더라도 가급적이면 기초적인 내용으로 쉽게 배울 수 있도록 배려했다. 첫 기수를 배출하면서 시행착오를 겪었지만, 기수가 늘어나면서 차츰 강의안을 갖출 수 있었다.

4기를 배출하고 나니 강의유인물이 단행본으로 출판할 분량이 되었다. 그래서 수업 때마다 강의 유인물을 복사하는 수고를 덜기 위해 교재 출판을 결심했다. 그리고 혼자서 글쓰는 법을 배우려는 독자에게도 유익한 교재로 쓰이겠다는 생각도 출판을 부추겼다.

이 책의 1부는 글쓰기교실 커리큘럼에 맞추어 12강으로 구성했다. 책의 체제는 글을 쓰면서 마음을 닦을 수 있도록 꾸몄다. 독자들이 작문의 방법을 배워나가면서 자신의 참모습을 발견하고, 스스로 위안 받기 바란다. 더불어 삶의 목적과 의미를 찾는다면 바랄 게 없겠다.

각 챕터에는 글쓰기 과정에 따른 연습문제를 두었다. 1강부터 5강까지는 오류문장을 고치고, 직접 문장을 쓰게 함으로써 작문을 깨우치게 했다. 그리고 6강부터 8강까지는 단락의 개념을 습득할 수 있는 다양한 문제를 제시했다. 끝으로 9강부터

12강까지는 산문을 이루는 묘사와 서사를 각각 익힐 수 있도록 했다.

이밖에도 2부에 '좋은 글을 쓰기 위한 요건'을 다뤘다. 글쓰기에 이로운 처방전이라 할 수 있겠다. 우리가 글을 쓰면서 겪는 오류를 지적하고, 글쓰기 실력을 향상시킬 수 있는 이론을 제시했다.

이 책의 장점은 누구나 글쓰기를 쉽고 재미있게 익힐 수 있도록 한 점이다. 그동안 수강했던 분들의 글을 첨삭해 제시했기에 이해가 빠르리라 본다. 또한 각 챕터의 연습문제는 차츰 난이도를 높임으로써 혼자서 공부하더라도 학습효과를 낼 수 있도록 했다.

이 책은 그동안 필자에게 글쓰기 수업을 받았던 수강생들의 글이 있었기에 출판이 가능했다. 그 글들은 사람을 공경하고 마음을 다스리는 것이었는데, 선한 기운으로 필자를 데우는 온천수였다. 글쓰기 교실로 인연을 맺은 분들께 감사드리고, 이런 기회를 주신 광주성공회 김경일 신부님께도 고마움을 전한다.

이 책엔 글쓰기교실 수강생글 뿐만 아니라 천의무봉(天衣無縫)한 솜씨로 필자의 정신을 밝혀준 산문을 함께 실었다. 독자에게 도움을 줄 요량으로 허락 없이 인용한 점 양해 바란다.

2012년 3월 10일

무등산 자락에서 김영학

❒ 목차

제1부 글쓰기 연습 12강

제2부 좋은 글을 쓰기 위한 요건

제 1 부

글쓰기 연습 12강

1강 솔직하게 쓰기

글을 쓰려고 하는 자는 '스스로 속이지 않는 것'을 제1의 근본으로 삼아야 한다. 자신을 스스로 속이지 않으면 점차 이치에 다다르고, 온갖 사물에 대한 통찰력이 찬란하게 빛을 발할 것이다.

–김정희, 『완당전집』 중에서

1. 솔직하게 쓴 글의 힘

솔직하지 못한 글은 거짓을 참인 것처럼 쓴 글이다. 자신의 참 모습을 숨긴 글이나, 모르는 것을 아는 것처럼 쓴 글을 꼽을 수 있다. 글은 마음과 마음을 이어주는 매개체이므로 솔직하지 못한 글로는 제대로 소통할 수 없다. 그래서 생활하면서 길어 올린 진실한 느낌, 감동, 철학을 동시대 사람과 나누려는 마음으로 솔직하게 써야 한다.

그럼, 글을 쓸 때 자신의 경험을 얼마나 솔직하게 밝혀야할까? 결론적으로 말하면 글의 내용이 솔직할수록 독자의 마음을 사로잡을 수 있다. 독자는 자신의 내력에 따라 직관을 작동해 글의 참과 거짓을 파악하며 읽는다. 그러면서 필자의 솔직함이 드러난 글에 대해서는 마음의 문을 연다. 글에서나마 진솔한 삶의 모습을 접하면 공감하는 것이다.

그런데 솔직하게 쓰는 것은 쉽지 않다. 쇼펜하우어가 지적했듯이 인간이라는 생물은 자신이 소유하지 못한 것을 현재 소유하고 있는 것처럼 꾸미려는 경향이 강하기 때문이다. 글쓰기의 경우 말과 달리 문자로 흔적이 남기에 더 솔직해지기가 어렵다. 그래서 처음에 솔직하게 써야겠다고 마음먹고 시작한 글도 결국 글을 마칠 때면 정작 써야할 말은 쓰지 못한다. 잊지 말자. 솔직하게 쓸 때에야 비로소 독자는 마음의 문을 연다는 사실을…. 그리고 나와의 진정한 대화가 시작된다는 것을….

2. 솔직하게 쓴 글

정직하게 사는 사람 주변에 사람이 모이듯이 솔직한 글이라야 독자의 관심을 끌 수 있다. 노련한 작가들은 이 사실을 누구보다 잘 안다. 그래서 독자가 걱정할 정도로 자신의 치부를 드러낸다. 아래에 소개하는 고은의 글은 좋은 사례다.

나의 어머니

내가 '어머니'라고 부르는 일은 대단히 외설하다. 왜냐하면 나는 이제까지 거의 한 번도 어머니를 불러 본 일이 없기 때문이다. 할아버지 · 아버지 · 어머니 그리고 내 아우들은 내 25년 동안의 표류에 아무런 실감도 차지하지 않았던 것이다. 나는 나 혼자 있다.

6 · 25사변 직후에 나는 세기말의 예술가들이나 또 이 땅의 식민지시대 지식인들의 방식대로 소위 출분(出奔)을 단행했던 것이다. 그것도 세 번째의 가출 끝에 아주 머리를 깎아 버리고 출분했다.

전후(戰後) 20여 년 만에 아버지의 사망 전보를 뒤늦게 받고 비 내리는 날 가

죽옷을 입고 가서 고향산천을 실로 오랜만에 대하였다. 아우들은 자라서 한 놈은 은행의 대리라는 것을 맡고 있고 한 놈은 최전방에 가서 보초를 서고 있다가 돌아와 있었다. 낯설기 짝이 없었다. 어머니는 백발이 섞여서 바위 모양으로 굳어져 있었다.

아우들의 말에 의하면 내가 할아버지 장례를 마치고 삼우제를 지내자마자 상복을 벗어 던지고 그 길로 집을 나가서 영영 돌아오지 않았다고 한다. 중이 되었다는 소문도 들리기 시작했다고 하고 어디 가서 죽었다는 뜬소문도 고향 친구들한테는 들려 왔다고 한다.

왜 그랬는지 모른다. 내 어린 시절이라면 내가 자라난 고장에서는 무엇인가 견딜 수 없었다. 6·25사변이 일어나자 학도병을 중학교 4학년으로 지원했으나 체격 등위 미달로 불합격되었다. 웬만하면 걸이나 개나 몰아갈 때인지라 틀림없이 낙동강전투에라도 투입되었을 것이지만 그 무렵의 내 몸은 백지와 같았다. 농촌의 농부 아들이었지만 내 몸은 농업적 이단을 나타내고 있었다. 그것이 내 세 번째 가출로 충분히 이루어지게 한 것이다.

아무튼 나는 아버지 어머니가 없는 전쟁고아로 자처하기도 하고 누이 콤플렉스를 가설하기도 하면서 떠돌기를 마지않았다. 그러다가 바쁜 글을 쓰고 있을 때 밤늦게 자다가 아버지가 죽는 꿈을 꾸었다.

"퉤퉤, 아비 꿈을 다 꾸다니, 아비 죽는 꿈, 이건 영 잡쳤다."

고향을 떠난 뒤로 한 번도 아버지를 그리워한 적이 없고 아버지가 절간으로 찾아와도 바로 쫓아 버렸던 나에게 아버지 꿈은 얼토당토 않은 일이었다.

그 뒤 나는 다시 글을 이어서 썼다. 사흘 뒤에 인훈이 민음사 사무실에서 나오라고 하더니, 안 나간다니까 그럼 전보를 읽어 주겠다고 했다. 부친 사망 급래였다. 전화를 끊었다. 그리고 쓰던 글을 다섯 장쯤 이어서 썼다. 그때부터 내 몸속에서 사정없이 떨려오는 바가 있더니 이윽고 볼펜을 잡은 내 손과 대가리를 온통 부지할 수 없게 했다.

그러나 나는 '아버지 죽음 따위로 붓을 놓는다는 것은 바보다.'라고 생각했다 그러다가 이 따위 글 때문에 내 일생에 한 번밖에 없는 아버지 죽음을 마다하는 것은 바보라고 생각했다. 그때부터 나는 울음이 깃들어 왔었다. 중국집에서 잡탕밥을 한 그릇 시켜다 먹고 은행 항아리에서 몇십만 원을 꺼내 가지고 그날로 고속버스라는 것을 처음 탔다. 비가 내렸다. 황성옛터니 오늘도 걷는다마는 따위가 아득한 전자오르간의 짓밟고 싶은 음향으로 나를 적시기 시작했다. 나는 거의 대전을 지나서까지 차 안에서 울고 있었다. 맹호나 김현이 온다는 것도 말리고 아버지의 죽음은 나 혼자 감당하고 싶어서 친구들에게도 알리지도 못하게 했다.

밤중에 길도 달라지고 산천도 조금씩 달라진 고향을 개짖는 소리를 따라갔다. 내가 자라던 집이 아니었다. 그러나 짐작이 되었다. 차일이 쳐지고 전등 백 촉짜리를 켜놓은 집이었다. 나는 도둑놈처럼 그 집으로 틈입했다.

나는 아무도 부르지 않고 들어갔다. 벌써 장례는 그날로 마치고 제청이 만들어져 있었다. 그곳에서 절을 하려고 하니까, 이게 누구여 이게 누구여 누구여 소리가 번지더니 방 안에, 부엌에, 헛간에 있는 사람들이 쏟아져 나와서 나를 위요했다. 나는 갇혔다. 숨막혔다. 그런 경악과 소란의 만남 가운데서 어머니의 손가락이 내 대가리를 만졌다.

"이게 내 새끼로구나."

많은 친척 남자와 부녀자들은 나를 보고 울어댔으나 어머니만은 눈물 한 방울도 없었다. 그리고 옷 갈아입으라고 삼베 상복 한 벌을 꺼내 왔다. 그리고 아우 아내의 절을 받고 그들의 아들인 조카 승후를 안아 보았다.

여기를 뛰쳐나가고 싶었으나 나는 견뎌 냈다. 밤이 깊고 비가 내렸다. 모든 사람이 슬퍼해도 어머니는 슬퍼하지 않고 아버지의 임종 전후를 익살을 섞어 가면서 나에게 얘기해 주었다. 나는 그런 어머니에게 반하기 시작했다.

새벽이 되어서야 어머니와 나는 한 요 위에서 잤다. 자다가 어머니를 만져 보았다. 어린 시절의 파란 정맥이 얽혀 있던 흰 가슴 따위는 이젠 건초빛으로 말라붙어 있고 얼굴과 손과 다리가 바위처럼 딱딱하고 꺼끌꺼끌했다. (하략)

-고은, <나의 어머니> 중에서

시인 고은이 부친상을 치르기 위해 수십 년 만에 가족과 해후한 상황을 쓴 글이다. 우리 같은 범인은 경험하기 어려운 인생행로를 걸은 분이라 정서적인 괴리감이 있지만, 가족에 대한 솔직한 표현이 놀랍다. 작고한 아버지에 대한 심경을 밝힌 대목은 필자의 윤리관으로는 납득하기 어려울 정도였다. 하지만 글을 읽어 나갈수록 작고한 필자의 아버지를 떠올리게 했다. 고은의 솔직한 표현이 빚어 낸 '낯설음'이 필자의 무의식에 잠재되어 있던 아버지에 대한 기억을 깬 것이다. 더불어 외딴 곳에서 외로이 지내시는 필자 어머니의 안부를 걱정하게 하고, 명절에 못 본 누님에게 전화를 걸게 했다. 이렇듯 이 글은 고은이 가족애를 부각하며 쓰지 않았지만 역설적으로 독자에겐 가족의 소중함을 깨우치게 한다. 아무나 흉내 낼 수 없는 대가의 솜씨를 느끼게 하는 글이다.

연습문제

01. 문장 연습 1

1) 보기를 참고하여 주어진 낱말에 서술어를 붙이시오. (두 문장 이상)

보기 (포도) 포도는 과일이다. 포도는 달다.

① (사과)
② (번데기)
③ (휴대폰)
④ (여름)
⑤ (사막)
⑥ (군대)
⑦ (기타)
⑧ (모기)
⑨ (장마)
⑩ (독재자)

2) 주어진 낱말들을 주어로 하여 문장을 완성하시오. ①, ②번을 참고하여 부담 없이 그냥 떠오르는 대로 써 본다.

① **아버지**는 아침마다 골목길을 청소하셨다.

② **축구**는 열정적인 성격의 스페인 사람들이 좋아한다.

③ 라디오

④ 시계

⑤ 누나

⑥ 선생님

⑦ 비행기

02. 문장 고쳐쓰기1

(1) 다음 문장을 바르게 고치시오. ①, ②번을 참고하여 틀린 표현을 바로 잡자.

① 영수는 청소 시간에 창문과 바닥을 쓸었다.

= 영수는 청소 시간에 창문을 닦고 바닥을 쓸었다.

② 우리집 개가 새끼를 나았다.

= 우리집 개가 새끼를 낳았다.

③ 나는 친구와 약속을 깜빡 잃어버리고 다른 약속을 했다.

=

④ 철호는 몸이 아프다고 학교에 오지 안았다.

=

⑤ 추석이면 우리 가족은 모두 모여 만두를 빗는다.

=

⑥ 나무에게 물을 주었다.

=

⑦ 어머니는 자식이 성공하기를 바랬다.

=

⑧ 나이가 먹어서 기억력이 떨어진다.

=

⑨ 술이 취해 필름이 끊어졌다.

=

⑩ 나는 밥이 먹고 싶다.

=

◇숙제 : '김치'를 소재로 글을 써보자.

***쓰는 요령** : 김치는 우리가 가장 좋아하는 반찬이다. 우리 국민이라면 김치와 관련된 사연은 모두 한 가지 이상 있으리라 본다. 김치와 관련해 겪었던 일을 솔직하게 쓰자. 분량은 5줄 이상이다. 문학 형식에 얽매이지 말고 마음 가는 대로 쓰기 바란다.

2강 구체적으로 쓰기

글을 쓸 때 '그녀의 미소는 화사했다'고 표현하는 것은 이야기꾼의 자세가 아니다. '화사하다'는 표현은 추상적이고 모호하기 때문이다. '화사하다'는 생각의 기준도 사람마다 다르다. 20대 여성이 느끼는 화사함과 70대 할머니가 느끼는 화사함은 전혀 다를 수 있다. 이런 어정쩡한 표현보다는 독자가 스스로 '화사하다'고 느낄 수 있도록 그녀의 모습을 객관적인 사실들을 통해 자세하게 묘사해주는 것이 바람직하다.

– 최수묵, 『기막힌 이야기 기막힌 글쓰기』 중에서

1. 구체적으로 쓴 글의 힘

앞 장에서 다루었듯이 글을 솔직하게 쓰면 관객의 공감을 얻을 수 있지만, 전달한 내용이 구체적이지 않으면 교감은 오래가지 못한다. 고은의 글도 겪은 일을 솔직하면서도 구체적으로 썼기에 우리 마음의 문을 열게 한다. 오랜만에 만난 가족에 대한 소회를 쓰면서 사람 냄새가 나게 썼기에 소통이 제대로 된 것이다. 고은처럼 오감을 동원해 구체적으로 쓰면 활자가 살아나 생동감이 넘치는 글로 거듭 날 수 있다. 아니면, 일을 겪으면서 떠올랐던 생각이나 여행 파트너와 주고받은 대화를 인용하면 좋다. 이럴 경우 독자는 그 현장에 있는 듯 친밀감을 느낄 수 있기에 글에 빠져든다.

하지만 글을 구체적으로 쓰는 것은 생각처럼 쉽지 않다. 필자가 이십여 년간 수강생 글을 첨삭해 오면서 가장 많이 접한 오류는 구체성 결여였다. 구체성이 결여된 문장에는 글쓴이의 생각이 확정되어 표현되지 않기에 소통에 한계가 따를 수밖에 없다. 예를 들어 "내가 학교를 그만 둔 이유는 경제적인 이유 때문이다"는 문장을 보자. 여기서 나온 '경제적인 이유'라는 어구는 너무나 포괄적인 표현이라서 독자의 입장에서는 뜻이 금방 와 닿지 않고, 궁금증만 유발한다. 이 보다는 경제적인 이유를 명시하는 게 좋다.

"내가 학교를 그만 둔 이유는 아버님 사업 실패로 등록금을 더 이상 낼 수 없었기 때문이다." 처럼 구체적으로 써야한다는 얘기다. 그러면 상대방이 경제적인 이유를 묻는 번거로움도 피할 수 있을 것이다. 대화를 할 때 상대를 배려하며 하듯이 글을 쓸 때도 독자의 입장에서 쓰면 소통이 원활해진다는 사실을 명심하자.

2. 구체적으로 쓴 글

성자 간디와 인권운동가 마틴 루터 킹에게 삶의 길을 밝혀주었던 윌리엄 데이빗 소로우의 『월든』은 아름다운 이미지와 유려한 문체로 지친 마음에 평화와 희망을 안겨 준 명저이다. 이 책은 아름다운 월든 호숫가의 사계절을 그린 자아여행기행문이지만 소로우가 본 정경을 구체적으로 묘사함으로써 독자를 고요한 명상의 세계로 이끈다. 명상이라는 단어는 한 번도 나오지 않지만 독자가 알아서 명상의 세계로 빠져든다. 소로우의 글을 통해 구체적인 글이 발산하는 매력을 느껴 보자.

① 한여름 오후, 창가에 앉아 있노라니 매가 몇 마리 나의 개간지 위를 빙빙 돌

면서 날고 있다. 산비둘기가 두세 마리씩 내 시야를 가로질러 날아가거나, 집 뒤의 백송나무 가지에 안절부절못하듯 내려앉곤 하는데 그때마다 소리가 난다. 물수리 한 마리가 거울 같은 호수의 수면에 잔물결을 일으키며 물고기 하나를 채가지고는 날아오른다. 밍크 한 마리가 집 앞에 있는 늪에서 살짝 나와 물가에서 개구리를 잡아챈다. 왕골은 여기 앉았다 저기 앉았다 하는 쌀먹이새의 무게에 눌려 휘청거리고 있다.

② 올빼미 역시 나에게 세레나데를 들려주었다. 올빼미는 우는 소리를 가까이서 들으면 자연의 소리 가운데 가장 우울한 소리가 아닌가 하는 생각이 든다. 마치 자연의 여신이 죽어가는 인간의 신음소리를 올빼미 소리로 형식화시켜서 자신의 합창단 가운데 영구히 집어넣은 것 같다. 그것은 모든 희망을 버린 한 가련한 인간의 혼이 지옥의 어두운 골짜기를 들어서면서 짐승처럼 울부짖는 소리인데 거기에 인간의 흐느낌이 가미된 소리인 것이다.

그런데 이 소리가 더 처량하게 들리는 것은 그것이 목구멍에서 나오는 듯한 음악적인 소리이기 때문인데(내가 이 소리를 흉내 내려고 하면 '쿠르르' 소리가 먼저 나온다.) 이 소리는 모든 건전하고 과감한 사상을 억누름으로써 끈끈하고 곰팡이가 슨 상태에 도달한 인간의 마음을 나타낸다. 그 소리를 들으면 시체를 뜯어먹는 귀신들과 백치들과 미친 듯한 울부짖음이 생각났다. 그러나 지금은 올빼미 한 마리가 먼 숲에서 울고 있는데, 거리가 멀어서인지 그 소리가 몹시 음악적이다. 우엉 우엉 우엉 우우엉. 사실, 올빼미 우는 소리는 낮이든 밤이든 또 여름이든 겨울이든 나에게는 대체로 즐거운 연상만을 불러일으켰다.

①번 글은 소로우가 거실에 앉아 본 광경을 구체적으로 옮긴 것이다. 한 단락 분량의 짧은 글이지만 매, 산비둘기, 물수리, 밍크, 개구리, 왕골, 쌀먹이새 등 자신이 관찰한 동물과 사물을 구체적으로 묘사함으로써 광경이 눈앞에 펼쳐진 느낌을 준다. 특히 동물의 미세한 움직임을 포착해 감각어로 묘사했기에 생동감이 넘

친다.

②번 글은 올빼미 울음에 한정해 구체적으로 묘사한 글이다. 글을 읽으면 올빼미울음이 들리는 듯하다. 물아일체의 경지를 보인 글이라고나 할까? 한갓 미물을 가족처럼 대하며 지낸 결과로 보인다. 그랬기에 올빼미 울음을 남다르게 들을 수 있는 것이다. 생태학의 아버지다운 격을 갖춘 글이다. 장일순 선생에 따르면 "성자들은 만물과 하나됨을 일상적으로 느낀다."고 했는데 소로우도 거의 성자의 경지에 오른 듯 하다.

우리 고전에서도 자연과 사물을 벗 삼아 지내며 쓴 산문은 쉽게 찾을 수 있다. 우리 선비들은 자연과 교감하며 물아일체의 경지에 이르는 삶을 희구했기 때문이다. 조선 영조 때의 문인 유본학의 글은 그 중에서도 백미다.

옛집을 둘러보다

그 집에서 이십 년을 살고 이사하였다. 그로부터 삼 년이 흐른 뒤 옛집을 찾아가보았다. 그새 주인이 바뀐 지 여러 번이지만 집은 옛모습 그대로였다.

은은하게 처마에 들어오는 산빛, 콸콸콸 담을 따라 도는 골짜기 물, 밀랍으로 발라 번들번들한 살창, 쪽빛 물들여 활처럼 구부러진 승진 천막.

초목은 내가 심어놓은 것들이고, 네모난 뜰은 내가 빗질하던 곳이다. 벽에 써놓은 낡은 글자는 아직도 생생하고, 호롱불에 그을린 자국은 여전히 남아 있다. 그 모습에 구슬퍼져 떠나지 못하고 한참을 머뭇거렸다. (하략)

자신이 살았던 집에 찾아가 옛 생활의 정취를 그리워한 글이다. 소로우처럼 자연과 사물을 오랜 친구처럼 대하고 있기에 독자의 관심을 끈다. 유본학은 당대 명문장가로 이름을 떨쳤지만, 화려한 수사보다는 솔직한 심정을 차분하게 전함으로써 독자와 교감을 시도했다. 특히 옛 사람의 사물에 대한 남다른 애정이 물질적 풍요에 젖어 낭비하며 사는 현대적 삶을 돌아보게 한다. 한껏 맵시를 부리며 입던

외투를 유행이 지나면 아무 감정 없이 버리고 지냈던 필자의 행동을 반성하게 이끈다. 이렇듯 좋은 글은 소소한 일상을 구체적으로 묘사하는 것으로도 독자를 감동시킬 수 있다. 모두 디테일의 힘이다.

연습문제

01. 문장 연습 2

1) 보기를 참고하여 주어진 낱말에 서술어를 붙이시오. 서술어로는 감각어(시각, 청각, 후각, 촉각, 미각)를 사용하되 두 문장 이상 쓰시오.

보기 (석류) 석류는 시다. 석류는 붉다. 석류가 웃는다.

① (옥수수)
② (파도)
③ (가방)
④ (컴퓨터)
⑤ (고양이)
⑥ (무등산)
⑦ (평화)
⑧ (전쟁)
⑨ (장미)
⑩ (사랑)

2) 보기를 참고하여 주어진 두 낱말을 넣어 문장을 만들어 보시오.

보기 (강변, 닭백숙) 신혼 때 강변에서 먹었던 닭백숙 요리가 생각난다.

① (김치, 냉장고)

② (엄마, 꿈)

③ (마당, 꽃)

④ (밥, 운동)

⑤ (건강, 산)

3) 자신이 쓴 윗 문장에 이어지는 문장을 쓰시오.

예 신혼 때 강변에서 먹었던 닭백숙 요리가 생각난다. 그때 함께 놀러 갔던 친구들은 잘 지내는지 궁금하다.

①

②

③

④

⑤

02. 문장 고쳐쓰기 2

1) 부적절한 어휘를 고치시오.

① 저희 나라가 세계적으로 유명해진 것은 2002년 월드컵 대회를 개최한 덕분입니다.

② 그녀는 머리 모양을 고치려고 미장원에 들렀다.

③ 쌍둥이도 서로 성격이 틀리다.

④ 시험 준비에 시달린 탓인지 신체가 많이 줄었다.

⑤ 갈대는 손가락만큼이나 두껍다.

2) 글을 맞도록 표기하시오.

① “엄마, 저희가 치우고 설거지 할께요. 너무 걱정 마세요.”라고 말했더니, 어머니께서 미소를 지으면서 말씀하셨다. “그렇게 쉽지 않을 껄”

② 한껏 맵씨를 부린 희경의 모습에 온 동네 총각들이 법썩을 떨었다.

③ 일은 할 만하겠든? 그리고 선생님께서 기뻐하시든?

④ 오늘이 몇 월 몇 일이지요?

⑤ 여름 강좌를 알리는 프랑카드가 나무와 나무 사이에 걸려 있다.

3) 보기를 참고하여 아래 문장을 구체적으로 고치시오.

보기 아, 정말 기분 좋다.

= 아, 구름이라도 탄 기분이다.

① 기분이 나빠 직장을 그만 두었다.

=

② 비만 오면 우울해 진다.

=

③ 감기에 걸려 아프다.

=

④ 누나는 예쁘다.

=

⑤ 아버님은 부지런하시다.

=

◇**숙제** : '핸드폰'을 소재로 글을 쓰시오.

***쓰는 요령** : 핸드폰은 우리 일상에서 꼭 필요한 소통 도구이다. 평소에 느끼는 핸드폰에 대한 생각이나 핸드폰과 관련된 에피소드를 쓰자. 다섯 줄 이상 자유 형식으로 쓰되 구체적으로 쓰기 바란다.

3강 간결하게 쓰기

글쓰기 실력은 필요 없는 것을 얼마나 많이 걷어낼 수 있느냐에 비례한다.
– 윌리엄 진서, 『글쓰기 생각쓰기』 중에서

1. 간결하게 쓴 글의 힘

필자의 어린 시절엔 글을 너무 짧게 쓰면 표현이 서툴다고 지적당했다. 그래서 자꾸 꾸미는 말, 즉 형용사나 부사를 첨가해 글을 썼다. 접속사를 이용해 글을 길게 썼던 기억도 난다. 그 시절 글을 짧게 쓰는 것은 미덕이 아니었다. 이른바 만연체의 시절이었다. 하지만 요즘엔 초등학교 저학년처럼 쓴 문장, 즉 짧고 단순한 문장이 각광을 받고 있다. 활자세대에서 영상세대로 바뀌면서 자연스레 문체도 간결하게 변한 것이다.

어른들의 장황한 글과 달리 아이들의 글은 매우 짧다. 일단 한 문장을 마무리해놓고 나머지 생각은 이어서 쓴다. 필자의 아들이 초등학교 저학년일 때 쓴 글을 소개하면,

"할머니 안녕하세요. 저 단이예요. 어디 안 아프세요. 할머니 빨리 만나고 싶어

요. 할머니 사랑해요. 할머니 건강하셔요. 할머니집에 가면은 맛있는 음식 아주 아주 많이 해주세요."

한 줄에 서너 문장을 썼다. 문장 대부분이 하나의 주어와 서술어로만 이루어진 단문이다. 그러면서도 전혀 어색하지 않다. 오히려 글에 힘이 있고, 빨리 읽혀 좋다. 이렇게 글을 쓰던 아이가 학년이 올라갈수록 글을 장황하게 쓰기 시작했다.

"그 때는 일요일이었다. 그날은 무척 놀고 싶은 날이었다. 그런데 아빠가 내가 보고 싶은 TV프로도 못 보게 하고 청소를 시켰다. 나는 너무 하기 싫어서 짜증을 내며 청소했다. 나는 그날 청소도 억지로 했는데 놀러도 못 가서 화가 더 났다. 그래서 아빠가 미워서 아빠 사진에 낙서를 했다."

아들이 초등학교 고학년 때 쓴 글이다. 한 줄에 서너 문장을 쓰던 아이가 이제 두세 문장으로 길게 썼다. 주로 단문이었던 문장도 복문으로 바뀌었다. 장황해지기 시작한 것이다. 그래도 아직은 읽어줄만 하다. 그래도 비문은 없기 때문이다. 중학교에 올라가 쓴 글은 소개하기 민망할 정도이다. 거의 모든 문장이 복문인데다 주어와 서술어도 호응 안 된 문장이 많아 읽기가 쉽지 않다. 글이 길어지면서 비문이 많아진 탓이다. 놀라운 점은 학년이 올라갈수록 글 솜씨가 퇴화되는 기현상이 벌어진다는 점이다.

필자의 아들 뿐 아니라 대학에서 글쓰기를 가르치면서 접한 대학생 글도 다를 바 없었다. 대학생의 글이라고 하기엔 함량미달의 글이 대부분이었다. 오죽하면 우리나라 대부분의 대학에서 1학년 때 교양필수로 '글쓰기'를 가르치겠는가. 중·고등학교에 다니면서 입시 위주의 교육을 받은 탓에 제대로 된 글을 쓸 기회가 없었던 것이 원인이다.

필자에게 강의를 들었던 학생들의 글에 나타난 오류는 이상에서 지적했던 장황한 문장과 함께 구어체 문장을 또한 지적할 수 있다. 구어체 문장도 장황한 문장처럼 주어와 술어가 호응이 안 된 경우가 많다. 그럴 수밖에 없는 게 구어는 속성상 주어와 서술어를 생략하기 때문이다. 그리고 생략한 서술어 대신 문장을 이어간다. 문장이 불필요하게 길어지는 것이다. 그렇기에 비문을 양산할 수밖에 없다.

글을 간결하게 쓰라함은 꼭 글을 짧게 쓰라는 뜻은 아니니다. 주어와 서술어가 두 번 이상 사용되는 복문으로 쓰더라도 필요한 어휘로만 쓰라는 뜻이다. 한 문장을 두세 줄 이상 쓰더라도 독자가 이해하기 쉽게 쓰면 된다. 사실 우리에게 전하는 명문(名文)은 간결체 보다는 만연체가 많다. 어느 정도 미사여구가 첨가되어야 독자를 매혹시키기가 쉽기 때문이다. 그렇더라도 이 책에서 간결체를 강조하는 이유는 글쓰기를 처음 배우는 단계에서는 독자가 읽기 쉽고 뜻을 명확히 전달할 수 있는 글쓰기를 배울 필요가 있기 때문이다.

2. 간결하게 쓴 글

가장 간결한 문장은 주어와 술어로만 이루어진 경우일 것이다. 이렇게 간결하게 쓰면 글이 힘차 보인다. 그러나 많은 필자들은 주어와 술어로 쓰기엔 뭐가 부족함을 느끼기에 자꾸 꾸미는 말, 즉 장식어를 늘리려 애쓴다. 안정효는 "거느려야 하는 어휘 수가 늘어나고 기교와 순발력이 능해지면 문장에서는 힘이 빠진다."고 했다. 장식어가 많을수록 문장에서 전하고자하는 의미가 희석되기 때문이다.

70년대에 조세희는『난쟁이가 쏘아올린 작은 공』에서 유려한 단문의 세계를 선보임으로써 후배작가들에게 간결체에 관심을 갖게 했다. 만연체가 주류였던 우리 소설 문체에 전환을 이룬 것이다. 2000년대 우리 문단의 대표적인 단문 작가로는 김훈을 꼽을 수 있다. 다음 김훈 산문은 단문으로 썼기에 글이 힘차다.

> 2000년 가을에 나는 다시 초야로 돌아왔다. 나는 정의로운 자들의 세상과 작별하였다. 나는 내 당대의 어떠한 가치도 긍정할 수 없었다. 제군들은 희망의 힘

으로 살아 있는가. 그대들과 나누어 가질 희망이나 믿음이 나에게는 없다. 그러므로 그대들과 나는 영원한 남으로서 서로 복되다. 나는 나 자신의 절박한 오류들과 더불어 혼자서 살 것이다. (하략)

– 김훈, 『칼의 노래』 서문 중에서

소설가 김훈의 『칼의 노래』 서문 중 첫 번째 단락이다. 일곱 문장으로 이루어졌는데 모든 문장이 한 줄 분량도 안 된다. 그리고 주어와 서술어를 한 번 쓴 단문으로만 글을 썼다. 2000년이면 김대중 정권이 들어서고 일 년 남짓 지났을 때이다. 이유는 모르겠지만 김훈의 세상에 대한 반감이 세차다. 문장을 짧게 이어갔기에 반감이 더 드세 보인다.

다음으로 글을 간결하게 쓴 학생의 글을 소개한다.

연극, 처음이었다. 그것도 1인이 다 역을 소화하는 모노드라마였다. 나는 단지 그것만으로도 충분히 새로웠고 설렜다. 자그마한 무대에 어둠이 깔리고 드디어 시작했다.

중년의 한 여성이 등장했다. 그녀는 울부짖었다. 가까이서 우렁차고도 슬픈 목소리를 들었다. 뭔가 낯설었고 이렇다 할 느낌도 받을 틈 없이 머리는 백지장이 되었다. 하지만 얼마 지나지 않아 정신을 차렸을 때, 그녀는 그냥 평범한 여성이었다. 내가 보고 있는 그녀는 평범한 중년 여성을 연기하고 있었다. 나는 그저 놀라웠다. 어떻게 한 명이 저렇게 변할 수 있을까? 하지만 그건 시작에 불과했다. (하략)

필자에게 대학에서 수업을 받았던 여학생이 쓴 연극감상문 일부이다. 위의 김훈처럼 꾸밈 없는 간결한 문장으로 이어 쓴 덕에 글쓴이의 마음이 쉽고 빠르게 전해진다.

연습문제

01. 문장 연습 3

1) 주어진 세 낱말을 넣어 문장을 만들어 보자. 보기를 참고하되 낱말의 위치를 바꿔도 상관없다.

보기 (친구, 강변, 닭백숙) 신혼 때 강변에서 친구와 먹었던 닭백숙 요리가 생각난다.

① (봄, 강, 쑥)
② (아버지, 라디오, 잠)
③ (중학교, 영화, 꿈)
④ (시골, 길, 구름)
⑤ (기차, 첫사랑, 김밥)

2) 보기를 참고하여 자신이 쓴 윗 문장에 이어지는 문장을 쓰시오.

보기 신혼 때 강변에서 친구와 먹었던 닭백숙 요리가 생각난다. 그때 함께 놀러 갔던 친구는 잘 지내는지 궁금하다.

①
②
③
④

⑤

3) 주어진 낱말들을 주어로 하여 문장을 완성하시오. ①번을 참고하시오.

① **안개**가 마을을 감싸면 여행을 가고 싶다.

② 봄비

③ 야유회

④ 피자

⑤ 버스

⑥ 갈대

02. 문장 고쳐쓰기 3

(1) 다음 문장을 바르게 고치시오.

① 아버지의 기대에 미치고 싶지만 잘 안 된다.

② 누나가 돈을 주면서 봉투 사오라는 심부름을 시켰다.

③ 장학금을 타게 되어 너무 좋다.

④ 네가 도와준 탓에 일이 잘 풀렸다.

⑤ 열 두 세. 십이 살

(2) 다음 문장에서 각 성분 간의 호응이 맞도록 고쳐보자.

① 인생은 짧으며 촌음을 아낀다.

② 인간은 알고 싶어 하는 본능이다.

③ 학생은 모름지기 열심히 공부한다.

④ 사업장은 사업장대로 여간 힘이 들었다.

⑤ 이 사진은 거미가 사마귀의 체액을 빨아먹는 장면이다.

(3) 보기를 참고하여 다음 문장을 간결하게 다듬으시오.

보기 우리 팀이 한정된 인력으로 이 일을 해낸 것은 기적에 다름 아니다.

= 우리 팀이 한정된 인력으로 이 일을 해낸 것은 기적이다.

① 한국 축구의 월드컵 4강 신화는 우리 자신은 물론이거니와 전 세계를 놀라게 한 쾌거라 하지 않을 수 없다.

=

② 모의고사를 통해 나타난 약점을 파악해 보강하는 과정을 통해 부족한 부분을 다시 공부하면 성적을 많이 끌어올릴 수 있다.

=

③ 내 인생의 지도를 보며 차를 직접 몰아가듯 내 길을 가야할 때가 된 것 같다.

=

◇숙제 : '차(茶)'를 소재로 글을 쓰시오.

***쓰는 요령** : 차(커피나 녹차 등)와 관련된 내용으로 7줄 이상 단문 중심으로 간결하게 쓰시오.

4강 흥미롭게 쓰기

이야기꾼으로서의 재능은 무엇입니까? 어떤 걸 갖춰야 하는 걸까요? 우선 남보다 많은 사연을 갖고 있거나 관찰했거나 만들어낼 줄 알아야 합니다. 세상 사람 어느 누구도 사연 없는 사람이 없듯이 숱한 사연을 생각해 내거나 꾸며댈 수 있는 재능이 반드시 요구됩니다.

– 김수현, 『드라마 아카데미』 중에서

1. 흥미롭게 쓰는 요령

글이 짧아 이야기를 담을 수 없더라도 위트 있게 쓴 경우에 독자는 웃는다. 또 솔직하게 쓴 경우에 웃음보를 터트릴 확률이 높다. 우리 경험은 비슷하기에 발표자의 솔직한 경험에 공감하며 웃는 것이다. 몰래카메라를 보면서 우리가 웃는 경우와 유사하다.

그럼 위트와 솔직함 외에 독자는 글의 어떤 점 때문에 재미를 느낄까? 여러 요인을 꼽을 수 있지만 우리의 심금을 울리거나, 모골이 송연해지는 공포를 느끼게 하는 것도 좋은 방법이다. 이 두 경우에 독자의 동정심이나 긴장감을 유발시켜 글에 빠져들게 하기 때문이다.

그런데 이런 흥미로운 얘기는 독특한 경험의 산물이 대부분이다. 수업 중에 돌아가면서 발표한 글 가운데 우리를 즐겁게 한 글은 대개가 특별한 경험을 솔직하게 쓴 경우였다. 글쓰기 공부 때문에 만난 자리에서 심난한 얘길 밝히기가 쉽지 않은 탓에 대체로 일상생활의 넋두리에 가까운 글을 발표한다. 그러나 간혹 탈일상적인 글을 발표하는 수강생이 있다. 일상 탈출을 시도했다거나, 신비체험을 다룬 경우다. 이런 글의 경우 다른 수강생글과 차별화되기에 이목을 집중하기 마련이다. 일상의 넋두리와 차별화되면서 흥미를 유발하기 때문이다. 아래에 소개하는 여성들의 글은 이런 경우로, 수업 중에 우리를 즐겁게 했다. 편의상 '공포', '일탈', '괴기'라는 제목으로 소개한다.

2. 흥미롭게 쓴 글

1) 공포

저수지 둘레 길을 흥얼거리면서 가고 있는데 바로 오른쪽 옆 50m 위의 조금 높은 어두운 야산 위에서 뭔가가 하얗게 펄럭였다. 순간 걸음을 멈추고 찬찬히 쳐다봤다. 뭔가? 펄럭이는 것은 한 개가 아니었다. 수 미터가 넘을 만한 두 개의 하얗고 긴 천 같은 것이 사정없이 위로 부풀어 올랐다가 내려오면서 더 꽈졌다. 서로 엉켜 바람에 춤을 추고 다시 올라가면서 온 주위의 봉분들과 잠든 새, 그리고 풀들에게까지도 같이 놀아보자는 식으로 너울너울 춤을 추었다. 뒷목에 힘이 들어가고 앞으로 갈 수도 없고 도로 뒤로 갈 수 없는 지경이었다. 기분 나쁜 생각이 들었다. 거기 그 자리에 선 채로 그 걸 확인 하느냐, 가던 길을 그냥 가느냐 고민하다가, 직접 가서 보기로 했다. 십오도 갈지자 어두운 산길을 올라가기 시작했다. 조금 더 올라가 확인 하려고 하니 식별이 잘 안되었다. 더 가깝게 바로 옆까지 올라 가 보니 시골 야산 밭 위의 폐비닐하우스 봉지였다. 하늘 높이 치솟으며 높은 소나무가지 까지 이리 저리 닿아가면서 바람 소리를 음률로 삼아 승무 춤을 추고 있었다. 저수지 둘레길로 내려오면서 밤의 산과 저수지를 보면서 웃었다.

중년 여성이 머리를 식힐 겸 외딴집에 잠깐 쉬러 가던 중에 본 광경을 실감나게 썼다. 중년여성의 대담성과 구체적인 묘사 덕분에 긴장감을 조성하고 있다. 수업 시간에 이 글을 낭독해 가자 모골이 송연했던 기억이 난다. 그럴 때 우린 글에 빠져 든다. 바짝 긴장하면서 다음 상황을 궁금해 하기 때문이다.

이렇듯 '공포'를 조성해 호기심을 유발하는 방법과 함께 일상 탈출을 시도하는 인물을 통해서도 독자에게 흥미를 느끼게 할 수 있다. 다음 글은 그런 예이다.

2) 일탈

올 여름, 우리 가족에게 휴가란 없습니다. 큰아들은 고3이고 작은아들은 고1이어서, 보충수업이며 자율학습이 학교에서 이루어지고 있기 때문입니다. 하지만 이것은 남들한테 말하기 좋은 표면상의 이유일 뿐이고, 휴가를 못 가는 진짜 이유는 공무원인 남편의 승진시험 준비 때문입니다. 시월 중순에 있는 승진 시험 대상으로 결정되자마자 남편은 고1은 말할 것도 없고, 대한민국 모든 가정의 '고3우대하기'정책까지 완전히 말살시켜버리고 우리 집의 가장 시급한 수험생이 되어 안절부절 못하고 있습니다.

"오늘 뭘 했는지 모르겠네, 돌아서면 잊어버리니"

"남들 명퇴할 이 나이에 공부라니…"

"포기하고 그냥 살아? 말아?"

날마다 쏟아내는 하소연을 듣는 일도 참 쉽지 않은 어려운 일입니다. 이렇듯 승진 공부 스트레스로 죽기 일보 직전에 있는 사람처럼 말하고 있는 남편에게 휴가이야기를 꺼내기는 어려웠습니다.

그렇다고 나까지 휴가를 포기할 수는 없겠지요? 직장에서 평소 뜻이 잘 통해 '동시회'라는 모임을 만들어 자주 만남을 갖는 여섯 명의 친구가 있습니다.
우리는 올 여름에 휴가를 맞아 장흥 '우드랜드'로 가기로 이미 결정을 해놓고

예약까지 했습니다. 남편에게는 여직원 워크숍이 있다고 거짓말을 해놓고서 1박 2일로 떠났습니다. (하략)

교통순경도 안 잡는다는 고3 아들이 시험을 앞두고 있고, 남편도 승진시험에 올인 하고 있는 상황에서 과감하게 직장동료와 여행을 다녀온 이야기를 솔직하게 쓴 글이다. 평범한 여행 이야기였지만 청중이 여성인지라 모두 공감하며 우레와 같은 박수로 화답했다. 남자 셋과 함께 사는 여성의 일탈이 공감을 불러온 것이다. 한 남자의 아내로서, 두 아들의 엄마로서 제 역할을 해야 하지만, 본인 또한 직장 여성으로서 풀어야할 스트레스가 있기에 충전 역할을 하는 일탈에 호응한 것이다. 특히 글에는 표현되지 않았지만 결혼 후에 남편 몰래 간 첫 여행이라고 밝혔기에 더욱 호응을 얻었다.

다음 글은 여성이 수업시간에 발표한 것으로 그로테스크 분위기로 필자를 흥미롭게 했기에 소개한다.

3) 괴기

언제부터인가 토방 한 쪽 끝에 포장을 친 간이 신당이 만들어져 있었다. 주인 아줌마는 아침이면 포장을 젖히고 그 곳에 들어가 앉아서 천수경을 외웠다. 그 앞을 지나다 보면 향이 타는 냄새가 물씬 풍겼다. 그 안에 무엇이 있는지 늘 궁금했었다. 어느 날은 아주머니가 들어가는 순간 언 뜻 훔쳐봤다. 그 안에는 색색의 고운 한복 치마저고리가 횟대에 가지런히 걸려 있었다.

"한복은 누구 것이예요?"라고 물었더니

"지리산 할머니 거예요"라고 아줌마가 말했다. 그리고는 얘기를 시작했다.

"내가 어느 해인가 마당에 혼자 앉아서 푸념을 했어요. 지리산 할매고 뭐고 다 소용없다. 니미 씹할놈의 할매, 그렇게 공들여도 오늘 같은 날 개미새끼 하나 손님이 없으니 망할놈의 할매! 그랬더니 갑자기 어디에서 나왔는지 귀가 두 개 달린 뱀이 나왔어요. 혓바닥을 낼름낼름 거리며 나를 질책하듯 달려드니 소름이 쫙

끼쳐 오드라고요. 그래서 그냥 아이구 지리산 할머니 내가 잘못했어요. 하고 두 손 합장하고 싹싹 빌고, 땅바닥에 머리를 조아려 수 없이 절을 했어요. 정신 차려 보니 어느새 뱀은 사라졌어요. 그 때 부터 할머니가 무서워서 다시는 욕 안 하고 정성만 드려요"

듣도 보도 못한 기괴한 얘기였다. 그 뱀은 사람 귀처럼 귀를 달고 있었다고 했다.

남편의 사고로 가사를 책임진 여성이 돈벌이 때문에 가족을 떠나 지리산 자락 식당에서 일하며 겪은 일을 쓴 글이다. 식당 여주인이 가게에 신당을 차려 놓고 기도한다는 설정도 범상치 않지만, 그 여성이 사람 귀를 지닌 뱀을 봤다고 말하고 있어 괴기스럽게 들린다. 식당 여주인 행동이 범상치 않기에 신비감마저 들게 한다. 이렇듯 독특한 경험은 그 소재만으로도 독자를 매혹시킨다. 물론 체험을 솔직하면서 구체적으로 표현해야 더욱 재미있다.

연습문제

01. 문장연습 4

1) 주어진 서술어를 이용해 아무 문장이나 만들어 보자.

① 선운사 뒤뜰에 붉은 동백꽃이 **떨어졌다.**

② 밤새 울어서 눈꺼풀이 **부었다.**

③ 어렵다.

④ 슬프다.

⑤ 아프다.

⑥ 괴롭다.

⑦ 배고프다.

2) 자신이 쓴 윗 문장에 이어지는 문장을 쓰시오. (두 문장 이상)

예 선운사 뒤뜰에 붉은 동백꽃이 떨어졌다. 우린 동백꽃을 배경삼아 기념촬영을 했다. 날씨까지 맑아 기분이 상쾌해졌다.

③

④

⑤

⑥

⑦

3) 주어진 문장을 다른 표현으로 바꾸자.

작성요령: 주어진 문장과 관련해 마음대로 바꾸면 된다.

보기 도시 공기가 탁하다.

① 도시가 매연가스로 신음 중이다.

② 도시 공기는 시골보다 훨씬 탁하다.

③ 도시에 살면 탁한 공기 때문에 폐질환에 시달릴 수 있다.

(1) 노래를 부르면 기분이 좋아진다.

①

②

③

(2) 비가 오면 커피가 생각난다.

①

②

③

02. 고쳐쓰기 3

(1) 다음 문장을 각 성분이 호응되게 고쳐보자.

① 휘발유 값이 또다시 내렸다.

② 우리가 싸움에 진 이유는 그쪽을 너무 가볍게 보았다.

③ 확실한 것은 그 사람들이 이제까지 잘못을 반성하고 앞으로 진실한 국민으로 살아갈 것입니다.

④ 또 다른 부작용은 얼굴변형을 가져올 수 있다.

⑤ 간접 경험을 체득하고 산지식을 얻게 한다.

(2) 다음 문장을 바르게 고쳐보자.

① 나이가 먹어 기력이 예전만 못하다.

② 친할수록 예의를 지켜 산다.

③ 내가 꿈꾸던 학과는 기계공학과로 어찌하다보니 전기공학과에 입학했다.

④ 현재보다 더 기술이 진보한 미래에는 하이브리드 자동차가 상용화될 것이다.

⑤ 선생님 집이 어디신지 물어 보자.

(3) 문장 성분의 배열에 유념해 바르게 고쳐보자.

① 서양 사람들은 동양 사람들이 개고기를 먹는 사실을 야만스럽다고 비난하고 있다.

② 공원은 시민들이 아직도 자기가 버린 쓰레기를 되가져 갈 줄 몰라서, 쓰레기로 몸살을 겪었다.

③ 자랑스럽게 나는 우리나라의 자연이 어느 외국 사람에게라도 보여 줄만한 가치가 있다고 생각한다.

④ 평화로운 여러분의 전원생활을 위해 최선을 다 했습니다.

⑤ 광주로 향하던 승용차가 중앙선을 침범해 과속으로 달리던 트럭과 부딪히는 교통사고가 발생했다.

◇**숙제** : '여행'을 소재로 글을 쓰시오.

***쓰는 요령** : 소풍, 수학여행, 바캉스, 가족 여행 등 그동안 다녀왔던 여행 가운데 흥미로웠던 경험을 열 줄 이상 쓰시오.

5강 대화 바로 쓰기

글에서 대화를 이용하는 경우에 생각해야 할 것은,

① 말하는 이의 성격이나 뜻 혹은 기분이나 교육수준까지도 생각해보고, ② 말을 하는 상대와의 관계를 고려해서 상대와 어떤 상태에서 이야기를 하려고 하는가에 대한 배려를 해야 하며, ③ 대화를 흥미롭게 축약하여야 한다. 수다스럽게 이야기를 펼치면 대화의 내용이 제대로 드러나지 않게 된다.

– 박동규, 『글쓰기를 두려워 말라』 중에서

1. 대화 쓰는 요령

수필은 필자의 생각을 전하는 지문으로만 쓴 경우도 있지만, 대게 필자가 상대와 나누었던 대화를 곁들여 쓴다. 수필을 포함한 모든 문학 글은 지문이 뼈대 역할을 하면서 서사를 이끄는 반면에, 대화는 글의 윤활유 역할을 하면서 흥미를 돋군다. 또한 인물의 의지, 감정, 성격의 실면모를 드러냄으로써 인물을 실감나게 보이게 한다. 노련한 작가는 대화를 통해 사건을 쉽게 발전시키기도 하고, 흥미진진한 대화로 관객을 사로잡기도 한다. 그러나 대화를 너무 잦게 쓰면 글이 발전하지 못하고 정체된 느낌을 줄 수 있기 때문에 적절하게 지문과 섞어 써야 한다. 무엇보다 잊지 말아야 할 점은 대화는 말하는 이의 특성에 맞는 언어를 골라 써야 한다는 것이다.

대화 수업을 할 때면 대화를 지문과 줄을 달리해 써야 하는지를 묻는 수강생이 더러 있다. 그러면서 지문과 구분하지 않고 이어 쓰는 게 맞는지, 아니면 대화를 쓸 때마다 줄을 바꿔 써야하는지 판단하기 어렵다고 토로한다. 이 문제에 대해 딱히 답을 찾기는 어렵다. 글의 상황에 따라 달라질 수 있고, 또 작가 취향에 따라 달리 쓰고 있기 때문이다. 굳이 답하자면, 독자가 읽기 편하면 그게 최선의 방법 아닐까?

문학 작품에 나타난 대화의 양상을 살피면서 익히는 것도 좋은 방법일 것이다. 다음 글은 정채봉의 동화 <오세암> 중 일부이다.

사례 1

스님은 그 거지 남매와 포구에서 만났다. 수만 마리의 하얀 나비들이 나는 듯 눈발로 가득한 바다를 보고 있는데 아이의 목소리가 옆에서 들렸다.

"누나, 눈이 바다보다 넓게 내린다."

스님이 돌아보니 대여섯 살쯤 되어 보이는 사내아이가 장님 소녀의 손목을 잡고 소나무와 나란히 서 있었다. 작은 나무 그릇을 하나씩 든 것으로 보아 얻어먹고 다니는 아이들이 틀림없었다.

"너 지금 뭐라고 했니?"

스님은 아이 옆으로 다가서며 말을 걸었다. 아이가 고개를 들어서 빤히 스님을 쳐다보았다.

줄을 바꿔가며 대화와 지문을 쓴 일반적인 유형이다. '수만 마리의 하얀 나비들이 나는 듯 눈발로 가득한 바다'라는 비유적인 문장이 눈부시다. 이어지는 글은 소설가 공지영이 지리산에 사는 친구들과 어울리며 겪은 일을 쓴 <지리산 행복학교> 가운데 일부이다.

사례 2

이런 일도 있었다. 그를 대놓고 따라다니던 과부가 그에게 전화를 했다. 그래도 여자였기에 그녀는 슬쩍 말을 돌렸다. "저기… 버시인님, 아이 좋아하시죠?" 그 과부에게 여러 번 프러포즈를 '당한' 버들치 시인은 그 말이 무슨 뜻인지 금세 알아챘기에 대꾸했다.

"아이요? 아니요. 아이들 싫어해요. 끔찍합니다."

여자는 할 말이 없었다. 버들치 시인이 지나가는 마을 아이들만 보아도 머리를 쓰다듬고 작은 풀빵이라도 꼭 사준다는 것을 다 조사한 후였기 때문이었다.

"그럼 <초원의 빛>에 나오는 내털리 우드 같은 여자를 좋아하신다는 건 사실이죠?"

버들치 시인은 어떻게 대답할까 궁리하다가 내털리 우드를 좋아한다고 하면 거기에 한참 동떨어지는 용모를 가진 그녀가 이제 자신을 괴롭히지 않겠지 싶어 그렇다고 했다.

"저는 내털리 우드가 되어 워렌 비티처럼 잘 생긴 버들치 시인님의 씨를 받고 싶습니다."

버들치 시인은 후다닥 전화를 끊었다.

대화와 지문을 같은 줄에 쓰기도 하고, 줄을 바꿔 따로 쓰기도 했다. 이밖에 대화만 계속 쓰는 경우도 많다. 대화를 인용해야 글이 돋보일 경우에 지문을 자제하고 대화로만 이어 쓰는 것이다. 이 경우엔 대화가 너무 길어지면 이야기가 정체되는 느낌을 줄 수 있으므로 유념해야 한다. 이상에서 살핀 것처럼 산문을 쓰면서 대화를 섞는 방법은 따로 정해져 있지 않다. 독자가 읽기 편하고, 이해가기 쉽도록 나름대로 쓰면 되겠다.

아래 글은 나이 지긋한 수강생이 제출한 것인데 대화를 어색하게 구사했다. 독자를 위해 첨삭하면,

다시금 흰 파도들이 밀려오곤 했다. "진즉이 왔음 좋았을 텐데" 내가 혼자 중얼거렸더니 김부인이 듣고 "보살님. 왜 진즉이 못 오셨어요?"했다. "승용차도 없고 버스도 안 다니고 640고지 안에서만 살았으니 나왔다가 길 잃으면 큰일이 잖아요?" 내가 대답했다. "어련히 알아서 길 잃을까 봐요"하고 김부인이 깔깔 웃었다.

첨삭내용

대화를 구사할 때 마다 "~했다", "~대답했다"와 같은 서술어를 붙이고 있어 글이 매끄럽지 못하다. 이런 경우 대화 앞에 화자를 밝히고, 대화에 붙이는 서술어는 삭제하는 게 좋다. 아니면 두 사람만 말을 주고받으므로 줄을 바꿔가며 대화만 쓰는 게 더 낫다.

다듬은 글

다시금 흰 파도들이 밀려오곤 했다. "진즉이 왔음 좋았을 텐데" 내가 혼자 중얼거렸더니 김부인이 묻는다,

"보살님. 왜 진즉이 못 오셨어요?"

"승용차도 없고 버스도 안 다니고 640고지 안에서만 살았으니 나왔다가 길 잃으면 큰일이잖아요?"

"어련히 알아서 길 잃을까 봐요"

김부인이 깔깔 웃었다.

2. 대화를 흥미롭게 쓴 글

다음 글은 위에서 대화 오류를 지적받은 분의 다른 글이다. 대화를 매끄럽게 구사하지는 못했지만 개성적인 캐릭터를 등장시켜 대화를 흥미롭게 썼다.

가느다랗게 내리던 비가 갑자기 쏴아 하고 속도를 가중시켜 더욱 굵은 빗줄기로 땅 위에 내려 꽂혔다. 장맛비다. 두어 평밖에 안 되는 포장마차 안에서 나와 유마는 마주보고 앉았다. 네모난 탁자를 사이에 두고서. 유마가 "친구야. 여기 내 앞에 좀 앉아라" 해서 앉았다. 이렇게 비가 세차게 오면 가게에 손님이 거의 없다.

라면 끓여 팔고 김밥 말아 파는 이 가게는 술 손님은 전혀 받지 않았다. 술은 팔지도 않는다. 유마는 애초에 라면 먹는 손님이었다. 어느날 통성명하고 나이를 묻고 보니 나와 유마는 동갑이었다. 그래서 말은 트고 지내자고 유마가 먼저 제안했다. 그래서 친구가 됐다. "오늘은 비가 많이 오니 술 생각난다."고 나에게 찾아와 술 사달라고 어찌나 조르던지 소주 한 병을 다른 가게에서 사다 줬다. 유마는 내가 담근 열무김치를 안주로 곁들여 소주 한 병을 이내 비웠다. 그리고는 대뜸 "친구야. 내 얘기 좀 할까" 했다. "그래 해 보세요" 내가 대답했다. 유마의 얘기가 시작됐다. "나는 산을 좋아하고 부처님을 좋아해서 일 년이면 3, 4개월 산 속에서 머물지. 6개월을 머물 때도 있었어. 어느 해는 1년을 절에서 머물다가 하산해서 집에 왔지. 내 방 댓돌 위에 나란히 놓인 신발 두 켤레를 보았네. 벌건 대낮에 아내와 젊은 남자가 원초적 본능을 유감없이 발휘하고 있었다네. 뜻밖의 상황에 놀란 그들은 그냥 내 앞에서 무릎을 꿇더라고. 벗은 채로 나란히. 나에게 용서해 달라고 손이 발되도록 빌더군. 나는 할 말이 없었네. "내가 당신을 방치했으니 나쁜 놈이요. 미안하오. 당신 좋아하는 저 사람 따라가서 사시오." 하고 아내에게 말했지. 그래서 아내를 그 젊은이에게 그냥 줘버렸어. 나중에 알고 보니 아내보다 13세나 연하더라고. 그냥 줘버렸어. 처음엔 몰랐는데. 며칠이 지나자 아내가 괘씸하고. 분노가 치밀고. 견딜 수 없이 미웠지. 그 모든 감정을 잊으려고 술을 먹기 시작했어. 물론 내가 아내를 잘못 건사한 탓도 있다고 자학도 하면서 말이지. 친구야. 나는 참으로 고독한 고아 같아." 얘기는 끝났다.

그가 슬퍼 보였다. 그때 소리 없이 유마의 뺨에 두 줄기 눈물이 흘러 내렸다. 유마는 비참해 보였다. 나는 그 어떤 위로의 말도 생각이 나지 않았다. 그냥 물끄러미 바라볼 수밖에. 침묵이 흐르고 한참 후에 내가 물었다. "둘 사이에 아이는 없었던가?" "없었어" 한다. 유마는 눈물을 머금은 음성으로 "술이 없다. 더 먹고 싶은데 돈이 없다" 했다. 그러나 나는 유마에게 술을 더 사 주긴 싫었다. 유마는 "내가 시 한 수 지을까?" 하고 갑자기 벌떡 일어나 밀창문을 열고 밖으로 나갔다. 들고 나간 술잔에 빗물을 받아들고 "빗물이 술이라 생각하니 술 일세"하며 술잔에 반이나 채워진 빗물을 망설임 없이 훌쩍 마셨다. 유마가 측은 하다는 생각이 들었다. 유마는 밖으로 나가 다시 술잔에 빗물을 받아 들어오더니 "빗물이 약이라 생각하니 또한 약일세" 하면서 빗물을 또 마셨다. 빗물에 얼굴이 젖었다. 그의 얼굴은 빗물인지 눈물인지 구분하기가 어려웠다.

"내가 술 마시는 이유는 아내를 보내고 정욕을 떨쳐 버리려고 마신다네. 정욕만 끊으면 진짜 도인이 될 텐데"

하며 유마는 한숨을 쉬었다. "친구야 재미없다. 나 갈란다" 사내다운 우렁찬 목소리를 남기고 유마는 굵은 빗속으로 도망치듯 사라졌다. (하략)

굴곡진 인생을 살았던 나이 지긋한 여성분이 실제 경험을 옮긴 글이다. 사내의 기행이 예사롭지 않기에 독자의 흥미를 끈다. 또 사내의 기행을 대화를 곁들여 썼기에 영화의 한 장면을 보는 듯 인물이 생생해졌다.

연습문제

01. 문장연습 5

1) 주어진 문장을 다른 표현으로 바꾸자.

작성요령 : 주어진 문장과 관련해 마음대로 바꾸면 된다.

보기 나는 너를 무척 사랑한다.

① 한시라도 널 잊은 적이 없다.

② 내가 너를 사랑하는 것 알지?

③ 널 생각하면 세상을 다 가진 것처럼 행복하다.

④ 그대를 위해서라면 난 못할 게 없다.

⑤ 아무도 너에 대한 나의 사랑을 부정할 수 없다.

(1) 여행은 삶의 활력소이다.

① 여행을 통해 건강을 지킨다.

② 여행은 나의 동반자이다.

③ 여행은 내 삶의 비타민이다.

④

⑤

⑥

⑦

⑧

(2) 노을을 보면 그대가 그립다.

① 붉은 노을이 그대를 부른다.

②

③

④

⑤

⑥

2) 다음 문장들의 빈칸을 채워 보자.

① 추석을 맞아, **우리는 송편을 빚었다.**

② 아버지가 화를 냈으므로, **나는 밖에도 못 나가고 집을 지켰다.**

③ 버스가 다니지 않아,

④ 영화 <터미네이터>가 재미있다고 하지만,

⑤ 첫눈을 생각하면,

⑥ 할머니가 많이 아프시다는 소식을 접하고,

⑦ 겨울비만 오면 울적해져,

3) 자신이 쓴 윗 문장에 이어지는 문장을 쓰시오. (세 문장 이상)

③

④

⑤

⑥

⑦

02. 고쳐쓰기 4

(1) 문장 성분의 생략에 유의해 고치시오.

① 지금 와서 생각해 보니, 수민이가 체육대학에 입학하는 데 큰 힘이 되었다.

② 날 버리고 간 사람에게 복수하지 말고, 후회하게 하라.

③ 경찰 조사 결과 절도범은 술을 마시는 등 유흥비로 썼다고 한다.

④ 밤 늦게까지 만나지는 않는다.

⑤ 학교에서 돌아온 자녀를 또다시 학원으로 내쫓지 말고 부모와 따뜻하게 대화를 나누고, 같이 어려운 공부를 생각해 보고,주말이면 가족과 더불어 자연 속에서 생활하도록 유도하자.

(2) 문장 성분의 호응에 유의해 고치시오.

① 손이 많이 다쳐 원고를 쓸 수 없었다.

② 사랑은 서로 마주보는 것이 아니라 같은 곳을 바라본다.

③ 내가 목표하는 학과에 가기 위해서라기보다는 학생의 직분인 학문의 진리를 탐구해야겠다.

④ 이번 프로젝트가 실패한 이유는 상대 회사를 너무 가볍게 보았다.

⑤ 배움은 결코 학교 교육에서의 지적 교육을 의미한다.

(3) 아래의 문장을 간결하게 고치시오.

김영팔 희곡 <부음>은 혁명가에게 적합한 연애관, 자식으로서의 도리, 전선 출정의 문제를 유형적으로 묘사하지 않고 유기적으로 통일시킴으로써 전형창출을 보이고 있고 이전의 작품에서 드러난 도식적 사건 전개의 혼재, 현실에 대한 감성적인 인식과 현실을 병렬적으로 나열하는 차원을 넘어 사실주의극으로서의 가능성과 연극적인 재미를 갖추고 있어 30년대 개성의 대중극단과 서울의 이동식 소형극장 같은 좌경극단의 레퍼토리로 선정돼 연극 무대에 자주 올려 졌고 교양극으로 활용되었다.

◇숙제 : '친구'를 소재로 글을 쓰되 대화를 곁들으시오.

6강 단락 쓰기

단락은 몇 개의 문장이 모여서 공통된 하나의 내용을 이루는 글의 덩어리이다. 단락은 소주제문과 소주제를 뒷받침하는 문장으로 이루어진다. 뒷받침문은 소주제문과 밀접하게 관련되는 내용이어야 한다. 단락은 둘 이상의 문장으로 이루어지는 것이 원칙이며 그 첫머리는 반드시 들여 써야 한다.

단락의 길이는 특별한 제한은 없지만 필자의 의견을 담은 소주제문을 충분히 뒷받침할 수 있어야 한다. 그러려면 한 단락은 적어도 3개 이상의 문장으로 쓰는 게 좋다. 소주제문을 제대로 뒷받침하려면 최소한 두 문장은 필요하기 때문이다. 그리고 단락의 길이가 너무 길어지면 글이 장황해지기 쉬우므로 뒷받침 문장을 10개 이하로 쓰는 게 좋다. 그 정도의 길이면 독자가 단락을 한 호흡으로 읽을 수 있기에 글의 이해에 도움이 된다.

– 전남대학교, 『글쓰기』 교재 중에서

1. 단락의 요건

강단에서 대학생들을 가르치면서 단락의 개념을 제대로 이해하고 있는 학생이 드물다는 점에 놀랐다. 초등학교 때 단락의 개념을 배웠음에도 불구하고 대학입학 때까지 제대로 된 글쓰기를 하지 않은 탓에 잊어버린 것이다. 학생글을 첨삭하다가 발견하는 일반적인 오류는 한 단락 안에 두 개 이상의 소주제문을 쓴 경우다. 단락의 통일성을 이해하지 못하고 쓴 것이다.

단락에는 하나의 공통된 주제를 담아야 하는데 이 주제와 관련 없는 내용이 들어가면 단락의 통일성이 깨진다. 양복 차림에 고무신이 어울리지 않듯이 통일성이 깨진 단락은 글을 산만하게 보이게 한다. 그러므로 단락을 쓸 때에는 항상 그 단락의 주제를 염두에 두고 관련된 내용만을 담아야 한다. 하지만 그렇게 쓰기란 쉽지 않다. 글을 쓰면서 고도로 집중해야 가능한데 우리 눈과 귀는 항상 다중 매체에 홀려 있기 때문이다. 그렇더라도 글을 쓰면서 문장 간 맥락을 살피면 단락의 통일성을 지킬 수 있다.

아래 글은 필자가 펴낸 단행본 머리말 초고이다. 세 단락으로 나누어야 하는데도 한 단락에 담았다. 독자의 단락에 대한 이해를 돕기 위해 필자의 오류를 소개하고 바로 잡아 본다.

① 두 번째 연극평론집을 낸다. ② 첫 평론집 『한국 희곡의 모더니즘과 비사실주의』를 2002년에 발간했으니 햇수로 십년 만이다. ③ 그동안 극단을 만들어 직접 쓴 작품을 무대에 올리는 작업을 하다 보니 더 지체된 것 같다. ④ 책을 내려고 컴퓨터 파일을 열어보니 그동안 희곡문학과 지역 연극에 대해 다양한 글을 발표했음을 알 수 있었다. ⑤ 희곡 문학 관련 논문은 전공자로서 학회에 참여하며 발표했던 것들이고, 지역 연극 관련 글은 인터넷 매체 '오마이뉴스'와 지역 신문사에 투고한 것이다. ⑥ 책 분류는 독자의 편의를 위해 '민속극', '현대연극과 희곡 문학', '연극제', '민중극', '지역 연극', '연극 단상' 순서로 했다.

첨삭내용

첫 문장에서 세 번째 문장까지는 평론집을 오랜만에 낸 감회를 말했으므로 한 단락이 맞지만, 네 번째 문장에서는 다양한 글을 발표했다는 말이므로 단락을 새롭게 시작해야 한다. 그 다음 문장은 필자가 발표한 대상을 말한 내용이므로 같은 맥락이지만 마지막 문장은 책 체제에 대한 얘기이므로 또 단락을 새롭게 시작해야 한다. 즉 세 단락으로 써야할 것을 한 단락에 담은 것이다. 단락을 제대로 나누어 다시 쓰면 아래와 같다.

다듬은 글

두 번째 연극평론집을 낸다. 첫 평론집『한국 희곡의 모더니즘과 비사실주의』를 2002년에 발간했으니 햇수로 십년 만이다. 그동안 극단을 만들어 직접 쓴 작품을 무대에 올리는 작업을 하다 보니 더 지체된 것 같다.

책을 내려고 컴퓨터 파일을 열어보니 그동안 희곡문학과 지역 연극에 대해 다양한 글을 발표했음을 알 수 있었다. 희곡 문학 관련 논문은 전공자로서 학회에 참여하며 발표했던 것들이고, 지역 연극 관련 글은 인터넷 매체 '오마이뉴스'와 지역 신문사에 투고한 것이다.

책 분류는 독자의 편의를 위해 '민속극', '현대연극과 희곡 문학', '연극제', '민중극', '지역 연극', '연극 단상' 순서로 했다.

2. 단락을 잘 쓴 글

다음 글은 필자에게 글쓰기를 배운 여성의 글이다. 단락을 잘 나누었고, 인상적인 내용을 담고 있어 소개한다.

못난이 사과

지난 겨울 초입 쯤이었다. 우리 가족은 해남에 있는 달마산 산행을 가는 길이었다. 미황사에서 시작된 등산로를 따라 도솔암으로 가는 길은 바위를 깎아 세운

듯 한 절벽길이었다. 과연 신선이 살았을법한 아름다운 절경이었다. 산 아래로는 넓은 다도해가 펼쳐져 있고 완도, 진도, 보길도, 노화도 등 작은 섬들이 바다 가득 정답게 들어 앉아 있는 풍경은 한 폭의 동양화를 보는 듯 했다. 힘든 산행이었지만 우리 가족은 모두 오랜만에 꽉 막힌 도시에서 벗어나 넓고 푸른 다도해의 힘찬 기운을 받아 즐거운 마음이었다.

해남에 들러 늦은 식사로 맛있는 해물탕을 먹고 삭풍에 떨고 있는 가로수 국도변을 따라 집으로 향했다. 모두 꿈나라로 이사 가는 중인지라 나는 감미로운 음악으로 라디오 채널을 바꿨다. 얼마 쯤 오니 이 추운 날씨에 낯선 풍경이 들어왔다. 젖먹이를 업고 서성대는 젊은 아낙과 모자를 푹 눌러 쓴 남자가 담배를 피우면서 왔다갔다 초조해하는 모습이었다. 그 옆에는 찌그러진 화물차가 보이고 뒤 칸에는 작은 사과들이 가득 담겨져 있었다.

'이 한적한 국도변에 왠 사과장수? 하루 종일 있어 봐야 사람 구경하기 힘들겠구만.'라고 생각하며 나는 차를 세웠다. 가족들은 깊은 단잠에 빠져 있고 그이는 "무슨 일이야?" 하며 눈을 게슴츠레 뜬다. 나는 "아니야, 그냥 자. 사과 좀 사려고."말하며 나머지 식구들이 깨지 않게 가만히 차문을 닫고 밖으로 나왔다. 그런데 이 남자와 아낙은 인사를 꾸벅꾸벅하면서 반가워서 어쩔 줄을 몰라 했다. 나는 약간 겸연쩍어 하면서 사과를 보니 사고 싶은 마음이 싹 가셨다. '세상에! 이렇게 못 생긴 사과가 있을까?' 온통 점백이에 푸르딩딩한 이런 못난 사과는 처음 봤다. 아마도 여름 태풍에 떨어진 낙과를 주은 것처럼 보였다. 사과를 보니 차를 세운 걸 후회했지만 아낙의 등 뒤에 업힌 아이를 보니 차마 발걸음을 돌릴 수 없었다.

나는 떨떠름한 마음으로 "애기엄마, 사과 만원 어치만 주세요."라고 했더니 젊은 아낙은 큰 봉지를 꺼내 사과를 한 가득 담았다. 한참을 사과를 담는 손을 보며 "그만 주세요. 그것도 너무 많네요." 하자 "아니에요. 사모님이 오늘 첫 손님이세요." 한다. '아니, 지금 네 시가 다 되가는데 내가 첫 손님이라니!' 정말 안타까운 마음이 들었다. "애기엄마, 그런데 왜 이렇게 한적한 곳에 차를 세우셨어요? 좀 더 차가 많이 지나는 곳으로 가시지 않고요?" 물었더니 "아, 예. 우리 애기아

빠가 말을 못 해서요. 내가 꼭 따라가야 되는데 집에 어머님이 편찮으셔서 멀리 갈 수 없어 그냥 동네 앞에서 파는 거예요." 하는 것이다. 나는 갑자기 안쓰러운 생각에 "애기엄마, 만원 어치 더 주세요. 나눠 먹을 사람이 생각나서요." 나는 못난이 사과 두 봉지를 트렁크에 싣고 두 알을 손에 들고 차 안으로 들어왔다. 그 사이 그이는 깨어 있었다. 나는 "먹어봐" 하며 사과를 내 밀었다. 사과를 받아든 그이는 "뭐 이런 사과를 샀어?" 하며 나를 이해하지 못하겠다는 표정으로 봤다. "응. 그냥 주스로 갈아 마시려고." 얼버무리며 운전대를 잡았다.

젊은 부부는 내 차가 멀리 떠날 때까지 손을 흔들고 있었다. 내가 산 못난이 사과 두 봉지가 그 부부에게 큰 희망을 준 것 같아 흐뭇했다. 그 부부가 장사도 잘 되고 너무 힘들지 않았으면 좋겠다는 생각이 들었다. 겉모습은 못난이지만 싱그러움만은 가득한 풋사과 두 봉지가 한 겨울에 초록으로 우리 가족의 귀성길을 함께했다. 내일 아침에는 사랑하는 우리 가족에게도 희망의 사과 주스 한 잔씩을 갈아줘야겠다.

시골길에서 과일 파는 부부를 만난 얘기를 실감나게 쓴 글이다. 다섯 단락으로 적절하고 문장도 비문이 없다. 이 여성의 글이 필자에게 와 닿는 이유는 진정성이 느껴지기 때문이다. 이어지는 글은 성공회대 김민웅 교수 칼럼으로 지난 서울시장 선거 결과에 대해 다루고 있다.

시민의 '서울탈환'이 시작됐다.

이번 서울시장 보궐선거는 역사가 거꾸로 돌아가는 것을 저지하는 데 일단 성공했다. 박원순의 출사표는 다름 아닌 이명박 정권에 의한 '역사의 역진(逆進)'이 만들어 낸 사건이었고, 안철수 역시도 동일한 선상에서 정치적 의지를 밝힌 것이었다. 그렇다면 이제 그걸 완성시키는 과제만이 남은 셈이다.

도종환 시인은 그의 시 <지진>을 통해 "우리가 만든 세상이 이토록 쉽게 허물어질 줄 몰랐다"고 토로하면서, 다시 일어나 마을을 새로 일으켜 세울 것을 다짐

한다. 여기서 중요해지는 것은 현실의 이름을 정확히 부르는 작업이다. 실패를 성공으로 부르고, 파괴를 창조라고 호칭하는 사태가 지속되면 해결책이 나오지 못한다.

4대강의 자연스러운 흐름을 죽여 놓고 업적이라고 하거나, 패배를 자인하지 않고 사실상의 승리 내지 무승부란다. 어디 이뿐인가? 한·미 FTA는 기회의 포착이 아니라 민생파괴의 제도화이며, 곽노현 교육감 구속은 사법적 조처가 아니라 정치적 기획이며 초등학교 전면 무상급식은 인기몰이 포퓨리즘이 아니라 무상교육, 무상의료로 가는 복지제도의 초등부다. (중략)

서울은 대자본이 거의 모든 것을 기획하고 주도하는 공간이다. 다시 말해 자본의 성채이자, 자본에 점령당한 수도다. 여기서 보통 사람들의 비극이 시작된다. 역사와 문화도 자본의 위력 앞에서 몸을 해체당한 채 소멸의 운명을 받아들여야 한다. 미국에서 시작된 '월가를 점령하라' 운동은 이런 맥락에서 우리에게도 적용될 수 있는 보편성을 가지고 있다.

자본이 권력과 동맹을 맺고 펼쳐나가는 지배 전략은 용산참사를 낳았고, 전시성 개발정책을 추진하도록 했으며 삽질 자본은 복지로 돌아가야 할 시민들의 혈세를 블랙홀처럼 빨아들였다. 서울시정이 "복마전"이라고 불린 까닭에는 자본과 권력의 동맹체제가 가동되는 현실이 있다. 토건자본 이명박 정권의 본색도 바로 이 동맹체제의 특권 확장에 있지 않은가?

박원순 서울시장의 핵심적 임무는 그렇다면 무엇인가? 그건 이 특권지배의 고리를 확실하게 끊고 서울의 기획자가 시민 자신들이 되게 하는 것이다. 시민에게 돌려주어야 할 것을 돌려주는 작업을 통해 서울은 자본의 성채가 아니라 시민의 삶터가 되는 것이다. 시민이 누려야 할 교육, 복지, 의료, 문화, 주택, 공원, 집회 등의 권리가 하나하나 회복되어가는 것이 정치의 진전이다. 그걸 선동과 재정파탄 또는 복지 포퓰리즘으로 부르는 일체의 기도는 모두 좌절되어야 한다.

서울은, 시민의 것이다. 시민을 서울시장과 자본, 그리고 권력의 밥이 되게 하는 시대는 이제 종쳤다. 2011년 10월 26일은 시민의 서울 탈환이 시작된 날이다.

– 경향신문, 2011.10.28일자 중에서

서울의 당면 과제를 명쾌하게 지적한 사설이다. 글을 간결하게 썼기에 힘차다. 단락도 통일성 있게 잘 썼다. 단락 분량도 적절하면서 거의 균등하기에 독자가 읽기에도 쉽다. 시를 인용하고, 사례를 들면서 논지를 펼침으로써 독자를 공감하게 하는 글이다.

연습문제

1. 다음 내용을 읽고 소주제문을 찾아보시오.

① 이렇듯 순수예술의 입지가 갈수록 좁아지고 있는 상황에서 순수 예술가들의 생존을 위한 싸움은 눈물겹다. 수년 동안 광장으로 나와 무료 상설공연을 올리는 성악가들이 있는가 하면, 산간벽지를 돌면서 관현악 연주를 들려주는 단체도 늘어 간다고 한다. 또 성악가와 연극인이 한 무대에서 몸을 섞어 색다른 무대를 선보임으로써 관객의 이목을 집중시키고 있기도 하다.

② 연애관련 직업에 대한 이런 청소년들의 관심은 여타 순수예술을 위기에 빠트리고 있다. 재능 있는 신세대들이 예능 쪽으로 몰릴수록 순수예술 자원은 고갈될 수밖에 없기 때문이다. 우리 지역 연극계만 보더라도 새 얼굴을 만나기 어려운지 오래되었다. 연기경력 20년 이상 된 중견 배우들이 거의 무대를 이끌고 있는 형편인데, 그나마 손가락에 꼽을 정도의 숫자이다. 인구 140만 명이 넘는 대도시에 전업배우가 고작 30명도 안 된다면 말 다했다. 사정이 이렇다보니 관객은 연극에 식상해할 수밖에 없다.

③ 화가가 빈 캔버스에 물감을 묻혀가며 그림을 그리듯, 배우는 빈 무대에 말과 몸짓을 통해 이미지를 채워 나간다. 이런 점에서 둘의 작업 과정은 비슷해 보이지만, 그 결과는 사뭇 다르다. 작업을 마친 화가의 캔버스엔 그림이 남아 있지만, 연극을 마친 배우에겐 아무 것도 남아 있지 않기 때문이다. 비관적으로 말하자면 미술은 생산적인 반면에 연극은 소모적이라 할 수 있다. 하지만 역설적으로 이렇듯 '사라지는 것'이 관객을 또한 매료 시킨다. 인생이란 무대에서 떠들어대다 어느 순간에 사라져 버리는 우리 처지와 같기에 관객에게 울림을 남기는 것이다.

이런 점에서 연극의 '소멸'은 연극이 존재하는 이유 가운데 하나라 할 수 있다.

2. 사례를 들며 단락을 완성하자.

작성요령 : 주어진 문장을 '예를 들어'로 시작하며 이어 쓰되 세 문장 이상 쓴다.

보기 우리가 일상적으로 쓰는 말에는 여성에 대한 편견이 베어 있다. **예를 들어** '여검사', '여사장'이라는 말은 있어도 '남검사, '남사장'이라는 말은 없다. 마치 검사나 사장은 남자가 하는 것이 당연하고 여자가 하면 특이한 것이 된다는 사고가 숨어 있는 것이다.

① 등산은 권태로운 삶에 청량제 역할을 한다. 예를 들어

② 물은 사람에게 있어 생명과도 같다. 예를 들어

③ 여름은 공부하기에 가장 힘든 계절일 것 같다. 예를 들어

3. 접속어와 부사를 이용한 단락 쓰기

작성요령 : 접속부사 '그래서'와 부사 '또' '특히'로 이어 쓰되 5문장 이상 쓴다.

보기 책의 저자들은 각자가 살고 느끼고 생각하는 세계를 보여준다. 그래서 옛 책을 읽으면 옛날 사람들이 살았던 세상을 보게 된다. 또 딴 나라 사람들

의 책에서는 그 세상의 모습을 엿볼 수가 있다. 이렇듯 문학 작품에서는 작가가 그리는 미지의 세계가 나에게 펼쳐진다. 특히 근래에 다시 읽어 본 파브르의 곤충기에서 보여주는 곤충들의 세계는 우리가 상상키 어려운 세계이기도 하였다.

① 겨울에 비가 오면 뜨거운 차가 생각난다.

② 글을 쓰면 또다른 나를 발견할 수 있어 좋다.

◇**숙제** : '바다'를 소재로 글을 쓰시오.

***쓰는 요령** : 단락의 통일성을 유념하며 쓰시오.

7강 비유적으로 쓰기

비유는 시인의 상상력과 직관에서 나오는 불꽃이며 빛이다. (중략) 그것은 서로 다른 두 사물을 비교라는 방법으로 결합시켜서 구체적인 이해나 인식을 얻는 언어적 표현인 것이다.

– 조태일, 『알기쉬운 시창작 강의』 중에서

1. 비유적인 표현을 하는 요령

문화센터에서 글쓰기 숙제를 내 주면 직설적인 표현이 주를 이룬다. 이런 직설적인 표현으로 독자를 매료시키기는 어렵다. 글을 쓸 때 비유가 동원되어야 말하고자 하는 대상이 명료해지고, 독자가 상상력을 동원해 글에 빠져들 수 있기 때문이다. 수강생의 글을 예로 들면 쉽게 이해할 수 있다.

얼굴을 스치는 바닷바람이 상큼하다. 백수온천에서 새벽 목욕을 하고 우리 부부는 해안가 그 자리에 섰다. 피크닉가방에 커피 만들 도구들을 챙겨 담고 말이다. '바닷가에서 핸드드립커피라니?' 좀 생뚱맞은 느낌이지만 남편과 나는 꼭 해

보고 싶었던 일이었다. 사람이 없는 한적한 바닷가 벤치에 앉아 마시는 커피는 역시 환상적이다. 크고 작은 파도들이 밀려와 부서지는 소리는 경쾌하다. 숭어 떼가 몰려왔나보다. 여기저기서 은빛 몸뚱이를 솟구치며 장관을 이룬다. 갈매기들의 자맥질도 덩달아 분주하다. 작년 여름 이 자리에서 내가 본 파도는 어디로 갔을까? 어쩔 수 없이 지난 여름의 기억이 떠오른다.

이 글은 중년여성이 남편과 바닷가 나들이 갔던 기억을 떠올려 쓴 글의 도입부다. 해안가에 앉아 커피를 제조해 마시면서 바라본 풍경을 간결하게 썼다. 독자가 이해하기 쉽게 구체적으로 묘사한 글의 도입부라 할 수 있겠다.

하지만, 묘사를 너무 직설적으로 한 탓에 글이 상투적으로 보인 점은 아쉽다. 바닷가에서 느낀 정취를 표현하기 위해 서술어를 '환상적이다' '경쾌하다' '분주하다' 등 많이 구사하는 형용사문으로 맺었는데, 비유적인 표현이었다면 글쓴이의 감정이 더 확실히 전달되지 않았을까? 다음은 수강생 글 가운데 비유적으로 표현한 글을 살펴본다.

민박집 대문 앞에서부터 펼쳐진 깨끗하고 해맑은 바다는 우리를 설레게 했다. 곱게 빗질해 놓은 듯이 정갈한 모래사장은 이국 풍취를 느끼게 했다. 우린 아무도 걷지 않은 모래톱을 걸으며 발자국을 찍었다. 공룡발자국처럼 몇만 년 후까지 영원히 남을 것만 같아 우리는 반듯하고 신중한 발걸음을 내딛어야 했다. 한참을 걷다 뒤돌아본 친구들의 나란한 발자국은 가슴을 뭉클하게 했다. 아무도 없는 사막 한가운데 우리만 버려진다 해도 함께 할 친구가 있어 마냥 행복할 것만 같았다.

친구들과 어울려 해변가를 거닐며 쌓았던 추억을 글로 옮겼다. '빗질해 놓은 듯이'와 '공룡발자국처럼' 같은 직유로 인해 말하는 이의 모습이 뚜렷한 영상으로 머릿속에 그려진다. 설명하려고 애쓰지 않고 그 상황을 그대로 드러내주어 읽는 이가 저절로 느낄 수 있게 했다. 그래서 그리고자하는 대상이 더 구체적이고 생생하게 드러나는 것이다. 이렇듯 상상력을 동원한 비유적인 표현을 곁들여 쓰면 독자와의 소통이 원활해진다.

비유적인 표현을 잘 하려면 시를 애송해야 한다. 함축과 비유를 시 장르의 수사법 특성으로 꼽을 정도로 시에는 비유적인 표현이 넘쳐나기 때문이다. 시를 읽을 때는 비유적인 표현을 찾아 음미할 줄 알아야 한다. 나아가 비유가 창안한 시적 효과를 분석할 줄 알아야 한다. 그럴 때에야 산문을 쓸 때 적절한 비유를 구사할 수 있을 것이다.

다음 글은 요절한 천재시인 기형도의 시로 비유가 일품이다. 서정적인 어조로 가난을 노래하기에 마음에 와 닿는다.

엄마 걱정

열무 삼십 단을 이고
시장에 간 우리 엄마
안 오시네, 해는 시든 지 오래
나는 찬밥처럼 방에 담겨
아무리 천천히 숙제를 해도
엄마 안 오시네, 배추잎 같은 발소리 타박타박
안 들리네, 어둡고 무서워
금간 창 틈으로 고요히 빗소리
빈방에 혼자 엎드려 훌쩍거리던

아주 먼 옛날
지금도 내 눈시울을 뜨겁게 하는
그 시절, 내 유년의 윗목

-기형도, 『입속의 검은 잎』 중에서

이 시를 두고 문학평론가 김현은 "그 시는 아름답다. 아름다운 것은, 물론, 위태로운 어머니를 따뜻하게 회상하는 시인의 눈길이다."라며 시인의 정취를 높게 평했다. 이 시는 이런 시인의 따듯한 감성과 함께 '찬밥처럼' '배추잎 같은' 직유로 시인의 어릴 적 심정을 애절하게 전했기에 독자의 마음을 홀린다. 이렇듯 적절한 비유로 시의 품격을 높이면서 초등학생도 이해할 수 있는 쉬운 일상어로 썼기에 오늘날 우리가 애송하는 것은 아닐까.

2. 비유로 독자를 사로잡은 글

우리 소설 가운데 멋진 비유적인 표현으로 꼽히는 이효석의 <메밀꽃 필 무렵>의 한 대목을 소개한다.

> 밤중을 지난 무렵인지 죽은 듯이 고요한 속에서 짐승 같은 달의 숨소리가 손에 잡힐 듯이 들리며, 콩 포기와 옥수수 잎새가 한층 달에 푸르게 젖었다. 산허리는 온통 메밀밭이어서 피기 시작한 꽃이 소금을 뿌린 듯이 흐뭇한 달빛에 숨이 막힐 지경이다. 붉은 대궁이 향기같이 애잔하고 나귀의 걸음도 시원하다.
>
> – 이효석, <메밀 꽃 필 무렵> 중에서

밤중에 달빛을 받으며 강원도 오지 산길을 걷는 주인공의 모습을 생생히 묘사한 소설이다. 흐드러지게 핀 메밀꽃에 달빛이 비친 풍경을 '소금을 뿌린 듯이'라는 직유로 표현했기에 절창으로 전한다. 이렇듯 이 짧은 글은 '죽은 듯이, 잡힐 듯이, 뿌린 듯이, 향기같이'라는 직유를 써서 독자를 매혹시키고 있다.

비유는 문학적인 글에만 쓰이는 수사법은 아니다. 아래 글은 연극평론 중 일부를 발췌한 것이다. 짧은 글이지만 비유적인 표현과 연극에 대한 깊은 사유로 독자를 사로잡기에 소개한다.

연극의 공간은 마술적이다. 관객이 극 안으로 발을 들여 놓으면, 있었던 세계는 잠시 신문지처럼 접혀지고, 처음 보는 세계가 나타난다. 관객들은 이곳에 들어서기 전까지 일상의 리듬으로 움직였다. 어떤 사람은 점심식사로 칼국수를 들고 어떤 사람은 샌드위치를 먹었다. 어떤 사람은 뉴스로 정계 소식을 훑고 어떤 사람은 주가현황을 살폈다. 저마다 다른 생활에서 온 관객은 이제 연극의 막 앞에 선다. 연극은 관객이 지나온 규율과 상식의 공간을 살포시 누르고, 마술의 붉은 손수건처럼 펼쳐진다. (하략)

– 안치운, 『연극과 기억』 중에서

한 단락 분량의 짧은 글인데 연극을 비유적으로 잘 표현했다. 일상생활을 나열하고 이와는 차원이 다른 연극 공간이 갖는 의미를 쉽게 전달한 글이다. 그렇기에 우리네 삶을 관조적으로 바라보게 한다.

첫 문장을 비유법의 하나인 은유로 시작하면서 독자의 시선을 끈다. 이 문장은 이 단락의 소주제문으로 비유적인 표현으로 썼기에 필자의 의견을 선명하게 드러냈다. 두 번째 문장의 '신문지처럼 접혀지고'와 마지막 문장의 '붉은 손수건처럼 펼쳐진다'는 직유로 독자에게 강한 인상을 남긴다. 게다가 다의성을 담은 시적 표현이기에 색다른 느낌을 전한다. 이렇듯 글은 비유적인 표현을 써야 관객과 교감하기 쉽다.

연습문제

1. 주어진 문장을 비유적으로 표현해 보자.

① 그녀 눈동자는 매우 눈부시게 아름답다

= 그녀 눈동자는 비취색 사파이어처럼 아름답다.

② 민수는 그야말로 감격어린 목소리로 소리쳤다.

= 민수는 로또 1등에 당첨된 것처럼 상기되어 소리쳤다.

③ 진짜로 무더운 하루였다.

= 하루 종일 불가마찜질방에 갇힌 듯이 더웠다.

④ 미나는 굉장히 큰 소리로 울부짖었다.

=

⑤ 내 파트너는 실망스럽게 못생겼다.

=

⑥ 핸드폰은 현대인의 필수품이다.

=

⑦ 무등산 정상에는 정말 멋지게 안개가 끼었다.

=

⑧ 첫사랑 선생님을 생각만 해도 가슴이 두근두근 흥분된다.

=

⑨ 밤새 눈이 와서 마을을 하얗게 만들었다.

=

⑩ 오늘은 영하 20도까지 내려가 세상이 꽁꽁 얼어붙었다.

=

2. 다음 단락의 소주제문과 통일성을 깨뜨리는 부분을 각각 찾아보시오.

핸드폰은 언제 어디서나 사람을 만나게 해주는 안테나다. 전화가 걸려오면 피하기도 어렵다. 친구와 만나기로 약속한 장소를 잊었을 때도 핸드폰이 있으니 걱정이 안 된다. 재난이 발생했을 때는 핸드폰으로 많은 인명을 구조할 수 있다. 6·25전쟁 때도 핸드폰이 있었다면 이산가족이 발생하지 않았을 것이다.

3. 접속어를 이용한 단락 쓰기1

작성요령 : 관용구 '다시 말해서'로 이어 쓰되 세 문장 이상 쓴다.

보기 걷기는 건강을 지키는 파수꾼이다. 다시 말해서 걷기만큼 질병 예방에 좋은 운동도 없다. 심장병, 당뇨병을 예방할 수 있을 뿐만 아니라 치매 예방에도 효과가 있다.

① 공부를 잘 하려면 집중력이 높아야 한다.

다시 말해서

② 우리나라 사람들은 남을 쉽게 믿는다.

다시 말해서

③ 예술은 인간의 영혼을 정화시키는 청량제이다.

다시 말해서

◇**숙제** : '버스'를 타고 다니면서 겪었던 에피소드를 한 단락으로 써 보자. (4~8문장)

***쓰는 요령** : 버스를 타고 행복을 느꼈던 순간을 쓰거나, 짜증났던 기억, 남을 도운 기억, 싸운 기억 등을 솔직하게 쓴다. 비유적인 표현을 쓰려고 노력하면 글솜씨가 는다.

8강 인물의 표현

인물은 인물 그 자체의 자기표현이 항시 있다. 나무처럼, 산처럼 부동의 대상이 아니라 쉴 새 없이 표정이 있고, 말이 있고, 행동이 있고, 그런 모든 것을 통해서 감정과 의지가 늘 표현되고 있다. 그러니까 먼저 이런 표정, 말, 행동의 기축인 외모에서 특징을 찾는 데 관점을 둔 세밀한 조사가 필요하다.

– 이태준, 『문장강화』 중에서

1. 인물을 표현하는 방법

글을 쓰는 것은 인간을 탐구하는 행위와 같다고 할 수 있다. 우리는 글을 쓰려면 자신이 만난 사람에 대한 얘기를 하려고 펜을 들거나 컴퓨터 앞에 앉는다. 그럴 때 무엇이 필요할까? 묘사하려는 사람에 대한 이해가 전제되어야겠다. 대상이 되는 사람의 이력을 나열할 필요는 없겠지만 첫인상을 기록하고, 그 사람과 대화하면서 느낀 점을 표현해야겠다. 즉, 묘사하고자 하는 대상의 외모와 심리가 표현되어야 한다. 그래야 그 사람의 숨결이 느껴지는 것이다.

그런데 내가 그리려는 사람의 심리를 드러내는 일은 쉽지 않다. 일단 내가 그 사람이 아니고 또 남의 심리에 관심을 갖고 글로 옮긴 적이 없기 때문이다.

아래의 글은 네 사람이 등장하지만 표현이 미흡해 제대로 구분하기 어려운 예이다.

> 오랜만에 옛 친구들이 만나기로 했다. 둘은 강진과 목포에서 살기 때문에 얼굴 보기가 쉽지 않다. 약속을 잡아 놓으니 광주에 사는 진숙이와 나는, '어디에서 무슨 맛있는 것을 먹을까, 차는 어디서 마실까' 궁리를 했다. "월남쌈을 먹고 무등산 원효사 회암루에 가서 커피를 마시자."라는 나의 제안에 진숙이는 곧바로 동의를 하며 "그럼 커피와 에이스를 준비해가서 먹어보자." 한다. "그래 좋겠다. 그럼 과일은 내가 가져갈게" 만난 지 30년 되는 우리는 무슨 일을 도모하면 죽이 척척 맞아 두말할 필요가 없다. 며칠 전부터 복숭아와 포도를 사다 두고 친구들과의 낭만적이고 즐거운 만남의 시간을 기다렸다.
>
> 몇 달 만에 보는 친구들이지만 어제 본 듯 격의가 없다. 점심을 먹으며 자식들 이야기, 남편 이야기, 동창들 이야기가 끝없이 이어졌다. 넷이서 월남쌈 6인분을 시켜 먹고 채소며, 양념들도 더 달라고 해서 실컷 먹었다. 옷자락 사이사이로 뱃살이 나온들 어떠랴. 눈가에 잔뜩 주름을 잡고 옆자리의 다른 손님들을 아랑곳하지 않고 수다를 떠는 아줌마가 된들 어떠랴. 얼굴이 푸석 푸석해지고, 주름이 짜글짜글 한들 어떠랴. 우리의 20대는 젊고 아름다웠으며, 옆 사람이 행여 들을까 소곤소곤 속삭였고, 가난하지만 자존심을 잃지 않았던 서로를 기억해주는 친구들이 있는데… (하략)

필자의 수강생글로 오랜만에 만난 친구들과 야유회를 다녀온 소감을 적었다. 글을 읽으면 일행의 여정을 확인할 수는 있지만 별다른 인상을 전하지는 못한다. 그려진 인물에 대한 소개나 사연이 담겨 있지 않기에 공감하기에는 한계가 따른 것이다. 친구가 겪는 어려움을 솔직하게 쓰거나, 친구와 나의 관계를 구체적으로 표현했다면 훨씬 나았겠다. 적어도 여행 중 나누었던 대화는 인용했어야 했다.

아래 글은 수강생이 위의 지적을 받고 나름대로 노력해 쓴 다른 글이다. 위의 글과 비교하면 같은 사람의 글이라고 믿기 어려울 만큼 인물 표현을 생생하게 했다.

> 결혼 전 추석 때였다. 부모님 고향인 구례에 성묘를 갔다. 그 곳에서 만난 아버지의 사촌형이 동네 작은 산이 나왔다며 구경을 해보라고 했다. 아버지는 한걸음에 달려가 두 말도 하지 않고 계약을 하셨다. 아버지의 고향땅이 생긴 것이다. 할아버지 돌아가시기 전 아버지 몫이라며 주신 땅이 있었으나 막상 할아버지가 돌아가시자 큰어머니는 아버지의 땅을 내주지 않았고 고향의 모든 땅은 큰 아버지 소유가 되었다. 시골출신이면서도 아버지는 고향에 나무막대기 하나 꽂을 데가 없다고 늘 한탄했었다. 그런 차에 고향 동네 부근에 제법 넓은 땅을 갖게 되었으니 아버지의 기쁨은 이만 저만이 아니었다.
>
> 농사라고는 지어 본 적이 없는 아버지는 늘그막에 농부가 된 것이다. 포크레인을 불러와 땅을 다지고 길을 내고 매화나무와 밤나무를 심었다. 더덕, 녹차, 고추, 고구마, 오이, 가지 등을 부지런히 심고 가꾸더니 급기야는 상당한 돈을 들여 우물을 파고 집을 지었다. 심지어 지관을 불러 두 분이 돌아가신 후 묻힐 자리까지 보게 하여 가묘를 산등성이에 만들어 두었다. 누구에게 묻지도 않았고 돈도 아까워하지 않았다. 평소 아버지는 지나치게 신중한 성품으로 일 벌이기를 싫어하고 절약을 미덕으로 아는 분이었다. 그런 아버지가 일사천리로 일을 진행하는 모습은 생소하기만 했다. (하략)

이 글에 묘사된 아버지는 앞글의 인물보다 훨씬 숨결이 느껴진다. 앞글에는 인물의 사연이 빠져 있는 반면에, 이 글은 아버지 행동의 동기가 자세히 소개되었기에 인물 모습이 생생히 전달된다. 땅에 대한 가족의 사연과 땅을 일구는 아버지의 행동이 실감나게 그려졌다. 특히 아버지의 행동을 구체적으로 그린 덕에 더욱 생명력을 발산하였다. 아쉬움이 있다면 아버지와 나눈 대화를 곁들이지 않은 점이다. 아버지와 나눈 대화를 인용했다면 아버지 상(像)이 더 분명해졌을 것이다. 그렇더라도 글쓴이의 윗글에 비하면 장족의 발전을 했다고 할 수 있겠다. 이렇듯 인물을 등장시키면 인물 행동의 동기를 부여하고 구체적으로 묘사하는 게 좋다.

2. 인물 표현을 잘 한 글

다음 글은 글쓰기 수업을 받은 다른 여성의 글이다. 비교적 인물을 명확하게 드러냈다. 독자의 인물 표현에 도움을 주고자 소개한다.

1997년 늦가을, 지금은 슬슬 아련한 단어가 되어 버린 IMF(외환경제 위기)가 온 나라를 뒤죽박죽 만들어 버린 후 많은 사람들이 추락 아닌 추락을 했었다. 아침이면 흰 와이셔츠에 넥타이를 매고 출근하던 남편이 졸지에 일터를 잃고 집에 들어앉게 되자 생활이 어렵게 된 친구는 처음엔 초등학생들을 상대로 과외를 다니고 전단지를 돌리고 세탁소에 가서 잔심부름을 하기도 했었다.

그렇게 몇 년 동안을 살아보겠다고 갖은 애를 쓰던 이 친구는 이 나라에선 도저히 희망이 안 보인다고 캐나다로 투자 이민을 가버렸다. 느닷없이 떠나버린 친구 때문에 십년 전의 그 봄은 참 많이도 막막했었다. (중략) 그랬는데 어젯밤, 거의 2년 만에 그 친구가 전화를 했다.

"어떻게 지내?" 묻는 내게

"이제는 밥은 안 굶어."

"밥을 안 굶어?"

"처음에 나 여기 와서 남의 집에 설거지하러 다닐 때는 늘 점심을 굶었어. 여기선 일하는 사람한테 밥 안 주거든. 그래서 난 내 집에서 일하는 사람들은 꼭 밥은 챙겨서 먹여. 종일 일하고 밥도 굶고 저녁에 돌아오면 그대로 쓰러져 자 버리기도 했거든."

'그랬구나! 그 먼 곳에서 넌 밥도 굶어야 했구나….' 혼자서 끄덕거리는데 울컥 목이 아프다.

"나, 하도 한국말을 안 해서 하고 싶거든, 그러니까 나 말 많이 해도 그런가 보다 해! 알았지?"

"그래, 많이 해. 다 들어 줄게."

두 시간을 그 친구는 아무 말이나 막 하고 있다. (하략)

짧은 글이지만 IMF로 파산한 후 이민 간 친구의 타국 생활을 잘 전했다. 경제적으로 궁핍하게 된 친구의 사연을 구체적으로 썼기에 인물이 실감난다. 특히 친구와 나눈 대화를 통해 친구의 감정과 의지를 드러냈기에 공감으로 이끈다. 지문에 비해 대화가 많은 점은 아쉽지만, 그리고자하는 인물의 사연을 드러내는 솜씨가 돋보이는 글이다.

연습문제

01. 뒷받침 문장 쓰기 1

작성요령 : '왜냐하면'으로 이어 쓰되 세 문장 이상 쓴다.

보기 대한민국은 복지예산을 늘려야 한다. 왜냐하면 연간 복지예산 비중이 전체 GDP 대비 3.5%로 선진국에 비해 턱없이 적기 때문이다. 영국의 경우 연간 복지예산 비중이 15.4%로 우리보다 4~5배 수준이고, 프랑스는 21.6%로 7배나 된다.

① 높은 산에 오르려면 체력이 좋아야 한다.
왜냐하면

② 타인에게 베푸는 사람에겐 친구가 많다.
왜냐하면

③ 캠핑을 갈 때는 랜턴이 필요하다.
왜냐하면

02. 뒷받침 문장 쓰기 2

작성요령 : '왜냐하면'으로 이어 쓰되 다섯 문장 이상 쓴다.

보기 한나라당은 친 서민 정책을 펴겠다고 했지만 사실 한국을 대표하는 보수 정당이다. 왜냐하면 서민복지보다는 국가 안보에 관심이 많기 때문이다. 차기년도 예산에 국방 예산을 늘리기 위해 서민복지예산을 대폭 삭감한 점은 이를 입증한다. 그동안 서민에 관심을 갖겠다고 했으면서도 당원들의 보수성 때문에 정작 정책을 펼칠 때는 모순적인 행동을 한 것이다. 한나라당은 서민의 삶에 진정성을 보여야 국민의 지지를 얻을 수 있을 것이다.

① 라디오는 친구와 같다.
왜냐하면

② 나에겐 시보다 수필이 쓰기 쉽다.
왜냐하면

3. 아래 글의 단락을 다시 나누고 글이 긴밀해지도록 단락을 재배열하시오.

뮤지컬 <두 남자>를 보고

작품은 "남자들이 얘기하는 여자이야기"라는 극단 측의 슬로건처럼 주정뱅이 두 남자가 술잔을 기울이며 구전하는 여자이야기를 서로 들려주는 구조를 취하고 있다. 이미 2006년 서울에서 2인극으로 공연되었던 작품인데 "노골적인 육담으로부터 거리를 두면서도 한국적 소극의 새로운 소재와 형식을 구현해 내는 데 상당한 정도의 성과를 낸 작품이다."는 평처럼 독특한 코미디의 세계를 선보였다.

6월 17일(금)~19일(일)에 광주문화예술회관 소극장에서는 두 남자가 등장해 <고금소총> 한 대목을 관객에게 들려주고 있었다. 소심한 선비 최수재가 늦장가를 가려다 숙부의 간계로 어려움을 겪자, 장차 아내가 될 처녀가 지혜를 발휘해 결국 결혼에 성공한다는 이야기였다. <고금소총>은 조선시대 민간에 전해오는 우스갯소리를 모아놓은 책이다. 연출가 반무섭이 이 책을 차용하여 작품을 썼다고 한다. 연출가 반무섭은 중앙무대에서 이름을 떨치고 있는 극단 <작은 신화>의 중견 연출가지만 최근 광주와 인연을 맺어 오고 있다. 올해 5월에 개최된 광주평화연극제에 광주민주화운동을 다룬 <망각>으로 참여하여 '평화연극상'을 수상했고, 이 작품은 광주 연극협회에서 브랜드공연으로 제작할 예정이라고 한다. 중앙 무대에서 활약하는 연출가가 지방 연극에 참여하기가 쉽지 않은데 환영할 일이다.

작품에서 가장 아쉬운 점은 코러스였다. 이 작품에서 코러스 역할은 장면 전환을 할 때 그 틈을 메우면서 관객의 흥을 돋구는 역할로 보였는데, 그 효과는 미약했다. 또 세 명의 코러스가 작품의 뮤지컬로서의 성격을 부각할 요량으로 노래하고 춤을 췄지만, 노래는 아마추어 수준이었고, 춤도 작품 분위기와 어울리지 않았다. 코러스를 등장시킴으로써 원래 2인극이었던 작품의 아우라가 휘발되버린 느낌을 지울 수 없어 아쉬웠다.

화가가 빈 캔버스에 물감을 묻혀가며 그림을 그리듯, 배우는 빈 무대에 말과 몸짓을 통해 이미지를 채워 나간다. 이런 점에서 둘의 작업 과정은 비슷해 보이지만, 그 결과는 사뭇 다르다. 작업을 마친 화가의 캔버스엔 그림이 남아 있지만, 연극을 마친 배우에겐 아무 것도 남아 있지 않기 때문이다. 비관적으로 말하자면 미술은 생산적인 반면에 연극은 소모적이라 할 수 있다. 하지만 역설적으로 이렇듯 '사라지는 것'이 관객을 또한 매료 시킨다. 인생이란 무대에서 떠들어대다 어느 순간에 사라져 버리는 우리 처지와 같기에 관객에게 울림을 남기는 것이다. 이런 점에서 연극의 '소멸'은 연극이 존재하는 이유 가운데 하나라 할 수 있다.

설화적 세계를 익살스럽게 표현하면서 특유의 유머를 선보인 점은 필자의 관심을 끌었지만, 이야기가 식상하고 퇴행적으로 그려진 탓에 막이 오르고 얼마 동안 극이 매우 정체된 느낌을 받았다. 특히 속도와 변화에 익숙해 사는 요즘의 관객들에게 옛이야기를 회귀적으로 들려주는 방식은 감내하기 힘들어 보였다. 이런 이유로 관객 몇 명은 극이 종료되기도 전에 극장 문을 열고 나가는 무례를 범하기도 했다.

이런 안타까움이 있었지만 연극 매체에 관심이 많은 필자에겐 흥미로운 연극이었다. 잊혔던 우리 고유의 말투와 몸짓을 우리 문헌에서 찾아내 새로운 연기 스타일로 가공해 선보인 점이 눈길을 끌었다. 특히 두 배우가 대화를 통해 설화를 재현하는 방식이 만담의 효과를 내며 웃음을 유발한 점이 좋았다. 발상의 기발함과 기교적인 면에서는 개그콘서트에 못 미쳤지만, 우리 선조들의 일상을 통해 삶의 지혜를 깨우치게 한다는 점에서 제대로 된 코미디를 한 편 본 느낌이었다. 반찬 수가 많아야 입맛이 돋듯 연극판도 다양한 볼거리가 있어야 관객이 몰릴 것이다. 뮤지컬 <두 남자>는 최근 초청된 연극 가운데 가장 독특한 볼거리를 제공한 연극이었다.

그렇더라도 필자는 이런 연극의 소멸을 아쉬워하며 리뷰로나마 그 흔적을 새기려한다. 그래서 '컬쳐인' 창간이 고맙다. 한 번 맺은 인연을 오랫동안 이어가길 바라며 첫 번째 연극 리뷰를 맺는다.

◇**숙제** : '동생'을 소재로 글을 쓰시오.

***쓰는 요령** : 인물 행동의 동기와 특성을 구체적으로 묘사하시오. 동생 관련 사연을 들려주고, 가급적이면 동생과 나누었던 대화를 인용하시오.

9강 생각을 드러내며 글쓰기

글쓰기는 자기 인격을 드러내는 일이다. 글을 쓰면 그대의 내면이 그대로 드러난다. 그러므로 글로써 타인을 감동시키거나 설득시키고 싶다면 끊임없이 자신의 내면을 갈고 닦아야 한다.

– 이외수, 『글쓰기의 공중부양』 중에서

1. 생각을 드러내며 쓰는 요령

말과 글은 의사소통의 한 방법이라는 점에서 공통적이지만 말이 소리로 생각을 전하는 반면에 글은 문자로 생각을 전한다. 그럼에도 말할 때는 생각을 물 흐르듯 전하지만, 글로 쓰라고 시키면 쩔쩔 매는 수강생이 많다. 그 이유는 기록하면 흔적이 남는 다는 두려움이 앞서기도 하고, 마음을 전하는 글을 많이 안 써봤기 때문이다.

글로 마음을 전하고자 할 때는 솔직하게 써야 한다. 겪은 일을 쓴다면, 그 일의 경과를 시간적으로 서술하는 것도 중요하지만, 그런 일을 겪을 때의 심정을 솔직하게 드러내야 글이 더 인상적으로 보인다. 다음 글은 중년 여성이 쓴 글로 겪은 일을 소개하는데 그친 글이다.

사춘기 시절 특별한 흥밋거리도 없이 만화책이나 뒤적이며 빈둥거리고 있을 때 어느 날 아버지께서 라디오를 들고 오셨다. 그 때는 라디오가 그렇게 흔하지 않은 때였다. 플라스틱 상자에서 사람 소리가 흘러나오는 것이 그저 좋았다. 이리 저리 채널을 돌려보다가 라디오극장, 오발탄, 수사반장 등을 들었었다. 그 때 파격적인 원고료의 현상 공모에 당선된 김수현의 <저 눈 밭에 사슴이>가 매일 연속극으로 방송되었는데 그 시간이면 숙제도 팽개치고 귀 기울여 들었다. 내용은 잘 기억이 나지 않지만 주인공역을 했던 성우 고은정씨의 달콤한 목소리가 나를 끌어 당겼기 때문이었을 것이다. 그러나다 TV에 밀려 별로 만나지 못했는데 눈이 나빠지면서 다시 라디오와 친구가 되었다. 집안일을 한다거나 혼자만의 시간일 때는 언제든지 나에게로 와서 차 한 잔 마주하지 않아도 가려들으면 좋은 소식도 전해주고 듣는 즐거움도 준다. (하략)

글을 읽으면 당시 정황은 알겠으나 독자와 교감하기엔 미흡하다. 글쓴이의 마음이 손을 내밀어야 읽는 이가 그 손을 맞잡으며 호응할 텐데 아쉽게도 그렇지 못했기 때문이다. 당시 라디오에 대한 생각을 구체적으로 썼더라면 소통이 훨씬 쉬웠을 것이다. 예를 들어 라디오드라마를 청취하며 들었던 생각이나, 아버님에 대한 당시 마음을 전할 수 있겠다. 다음에 소개한 글은 위의 글과 마찬가지로 '라디오'를 소재로 쓴 글이다. 위의 글과 달리 글쓴이의 생각을 담았기에 흡인력을 갖추었다.

라디오가 우리 집에 들어 온 이후 내 생활도 집안에서의 나의 위치도 많이 달라졌다. 밤이 되면 나는 엄마와 함께 연속극을 들었다. 두 살 아래 여동생은 졸려서 도저히 7시 20분 연속극 시간까지 못 기다렸다. 하지만 나는 끝내 졸린 눈을 비비며 엄마와 함께 연속극 시간을 기다렸다. 주인공의 처지에 분해하기도, 안타까워하기도, 때론 박수를 치며 엄마와 나는 점차 연속극에 빠져 들었다. 한창 긴장이 고조될 즈음이면 어김없이 "나오신 분!" 하며 연속극이 끝난다. 엄마와 나는 동시에 "에이!" 하면서 아쉬움에 입맛을 다시곤 했다. 내 머리 맡에서 양말을 기우며 아버지를 기다리는 엄마는 혼잣말을 하며 혀를 차기도 했다. “저 여자 어쩌야 쓰나?” “아이고 불쌍해서 어쩌나! 쯔쯧!” 나는 가물가물 꿈속을 헤매면서도 “응!” “응!” 하고 대꾸를 한다. 이제 동생들과는 차원이 다르다는 생각에 마음이 뿌듯했다. 어쩌면 엄마와 동등한 어른이라도 된 기분이었다. 그즈음, 내 마음의 키가 부쩍 커 가고 있었다. (하략)

윗 글과 달리 글에 그려진 소녀를 영상으로 보는 듯한 느낌을 들게 한다. 그리고 글을 읽는 동안 마음이 차분해진다. 왜일까? 글쓴이가 꾸미지 않고 회고하고 있기 때문이다. 또 라디오를 들으며 겪은 일 뿐만 아니라 당시 생각을 옮겼기에 느낌이 새롭다. 글쓴이의 소싯적이 아련하게 전달된다. 그러면서 읽는 이의 어린 시절을 돌아보게 하는 힘을 갖춘 글이다.

2. 생각을 드러내며 쓴 글

다음 글은 수업시간에 발표한 수강생 글이다. 여름휴가 때 겪은 일을 쓰면서 자신의 생각을 담았기에 소개한다.

장례식장에서 보낸 휴가

일 년에 두 번, 여름과 겨울에 고등학교 친구들과 모임을 한다. 당일치기를 하기도 하고 상황에 따라 하룻밤, 숙박을 할 때도 있다. 공교롭게 나를 제외한 세 명의 친구가 모두 서울에 살고 있어 내가 서울로 올라가는 경우가 대부분이다. 한두 번은 중간에서 만나자고 해 대전에서 만나기도 했다.

그런데 올해는 무슨 바람이 불었을까? 7월 30일인 토요일 밤에 서울에 있는 셋이 여름휴가 겸, 2박 3일 계획으로 광주로 올 테니까 내 일정을 조정해 두라는 전화가 미리 왔었다. 모임 날짜는 대강 짐작하고 있었지만, 친구들이 광주로 올 줄은 전혀 예측하지 못하고 있던 터라, 더운 날씨에 무엇을 어떻게 준비해야 할지 답답한 생각이 먼저 들었다.

(중략)

친구들이 온다는 날짜의 삼사 일 전부터 이불 빨래, 목욕탕 타일 닦기. 베란다 청소… 등 올 여름에 내 손길에서 외면당할 뻔했던 집안 구석들은 친구들 덕분에 반짝반짝 빛을 발하고 있었다. 하지만, 휴가지가 다른 곳으로 변경되기를 바라는 마음은 장마철에 햇빛 나듯 간간이 나타나 내 주변을 맴돌았다. 그러다 어느새 이기적인 나를 힐끗거리며 총총 사라지곤 했다. 친구들이 내려오기로 한 하루 전날도 예외 없이 청소를 하느라 뒷머리 양쪽으로 주르르~ 흐르는 땀을 손등으로 씩씩 닦아내고 있던 참이었다. 핸드폰이 울려 받아보니 모임의 총무를 맡고 있는 영자였다.

"순옥아, 명희 아버지가 오늘 아침에 돌아가셔서 우리가 광주 니네 집으로 못 가고, 서울서 바로 시골로 가기로 했으니까 너도 내일 보성으로 와라. 올 여름 휴가는 아무래도 명희 아버지 장례식장에서 보내야 될 것 같다."

"뭐? 나 너희들 온다고 정신없이 청소해 놓고 지금 장 보러 갈 참이었는데."

휴가지가 변경되어 서운하다고 하면서도 반갑게 말하는 내 목소리를 영자가 눈치챌까봐, 얼른 전화를 끊었다. 부음 소식을 듣고 묘한 미소를 짓는 내 모습을 친구들이, 특히 명희가 봤더라면 뭐라 했을까? 그동안 연세가 많은 명희 아버지가 노환으로 병원 신세를 지고 있다는 것은 우리 사이에 이미 알려진 사실이다. 하지만. 그분의 부음에 대한 안타까운 마음은 젖혀두고, 더운 여름날 손님 치를 일이 사라진 가뿐한 마음으로, 무거운 짐을 부려버린 짐꾼의 등처럼 기분이 갑자기 홀가분해졌다. 전화를 끊고 나서야 깨달았다. 명희 아버지의 부음에 대해서는 내가 영자한테 한 마디도 묻지 않았다는 것을. 장례식장 이름조차도.

다음날 밤, 서울에서 내려온 친구들을 보성에 있는 장례식장에서 만났다. 아버지를 보내야 하는 아픔과 손님맞이에 넋이 나간 듯 멍하게 앉아있는 명희 모습을 보면서, 쥐구멍이라도 있으면 들어가고 싶은 심정이었다. 요 며칠 동안 친구

의 슬픔 따위는 내게 안중에도 없었던 것이다. (하략)

친구들과 휴가를 계획했다가 그중 한 친구가 부친상을 맞자 휴가 계획을 철회하고 장례식장을 찾은 얘기다. 친구들의 방문 계획을 못마땅해 한 나의 모습과 친구의 부친 상(喪)에 진정성 없이 대했던 자신의 생각을 구체적으로 드러내고 있다. 이처럼 글은 겪은 일에 대한 판단과 반성 등이 따라야 독자와 교감이 시작된다.

연습문제-묘사하기

묘사란?

묘사는 사물이나 상황, 대상으로부터 받은 인상이나 느낌 등을 한 편의 그림처럼 보여주는 글쓰기 방식이다. 이것은 대상으로부터 받은 인상과 느낌을 읽는 이에게 생생하게 전달함으로써 가능한 한 자신과 똑같은 체험을 할 수 있게 하는 데 목적이 있다.

1. 지인 얼굴을 묘사하되 전체가 5문장 이상 되게 쓰시오.

보기 민수의 얼굴은 야위고 긴 편이다. 귀를 살짝 덮은 곱슬머리는 짙은 갈색으로 윤기가 흐른다. 툭 튀어 나온 앞이마는 햇볕에 그을려 황갈색을 띠고 반질반질하다. 숱이 많은 눈썹은 머리카락보다 약간 어두운 색이다. 높은 콧대로 인해 눈은 움푹 들어갔고, 중학교 다니는 사내아이치고는 속눈썹이 긴 편이다. 곧고 긴 코는 햇볕에 그을려 피부가 약간 벗겨져 있다.

=

2. 자신의 집에 있는 방, 거실, 화장실 가운데 하나를 택해 묘사하시오.

작성요령 : 벽지나 천정의 색조, 가구나 생활용품의 위치 및 색조 등을 상세히 묘사하되 독자가 흥미를 갖도록 쓰시오.

=

3. 보기를 참고하여 자신이 어릴 적 살던 동네를 묘사하시오.

보기 요즈음에도 그 거리의 풍경은 어딘가 인적이 끊긴 삭막한 분위기가 그대로 남아 있는 것 같다. 듬성듬성 서 있는 먼지 덮인 가로수며, 퇴색한 군복 빛깔의 시멘트 벽, 짓눌린 듯한 낮은 지붕들, 한산한 골목길과 검은 흙빛이 그대로다. 다만 아스팔트만이 반듯한데, 그때에는 움푹 팬 흙탕길 위로 밤마다 군용트럭이 자나가곤 했었다. 군데군데 풀밭과 폐수의 웅덩이가 못처럼 고여 있어서 녹색 거품을 내며 썩어가고 있었다. 키가 넘게 자란 잡초 속에 모기떼는 물론이고 사마귀나 송장메뚜기 같은 기분 나쁜 벌레들만이 우글거렸다. –황석영, 『모랫말 아이들』 중에서

=

4. 잊지 못할 사건 묘사하기

작성요령 : 과거에 경험했던 전부를 말하려고 애쓰지 말고 어느 짧은 순간에 한정해 묘사하되 독자의 흥미를 유발하시오.

◇**숙제** : '바다'를 소재로 글을 쓰되 풍경이 눈앞에 펼쳐지듯 사실적으로 묘사하시오.

10강 소통을 위한 글쓰기

작가가 자기 소설에 마침표를 찍는 순간 소설이 완성되는 것이 아니고, 독자가 그 책을 읽음으로써 완성된다.

– 이승우, 『당신은 이미 소설을 쓰기 시작했다』 중에서

1. 소통을 위한 글 쓰는 요령

처음 글쓰기를 배우는 사람한테 글을 써 오라면 겪은 일보다는 관념[1])을 써 온다. 겪은 일을 밝히기가 껄끄럽거나 글로 표현하는 방법을 모르기 때문이다. 또, 글을 멋있게 보이려는 강박관념이 작용했겠다. 이런 경우 직접 경험을 구체적으로 써 온 글보다 독자가 이해하기는 어렵다. 필자가 독서를 통해서 익혔거나 생각으로 얻은 글이기에 독자가 필자의 사유를 공유해야 비로소 소통되기 때문이다. 다음 글은 필자에게 제출한 수강생 글인데 관념적으로 쓴 사례이다.

> 사실 기차에 대한 이러한 감성은 나만 갖는 것은 아니다. 그것은 우리가 흔히 여행하던 기차여행을 이야기하는 것에서 알 수 있다. 기차만큼 여행과 가장 잘

1) 어떤 사물이나 현상에 대한 견해나 생각.

어울리는 교통수단도 없다. 그리고 그 이유는 기차가 갖는 특성과 깊은 연관이 있는 듯 하다. 기차는 먼 길을 안전하고 편하게 가게 할 뿐 아니라, 다른 공간과 소통하는 재미를 느끼게 한다. 흔들거리는 연결 통로를 지나 다른 칸으로 이동하면 마치 또 다른 새로운 공간에 온 듯한 기분이 든다. 뿐만 아니라 덜커덕 거리는 연결 통로에서 약간은 위험스러운 듯한 자세로, 빠른 속도로 사라지는 풍경을 바라보고 있노라면 마치 첩보영화를 3D 입체영화로 보는 듯한 전율을 느끼게 한다. 거기에다 기차는 매우 서민적이고 대중적이다. 많은 사람들을 한꺼번에 이동시키기 때문에 들르는 곳도 많고, 사연도 많다. 그래서 그곳은 늘 드라마보다 더 재미난 우리네 인생 얘기들이 끊이질 않는다. (하략)

이 수강생 글은 '기차'라는 교통수단에 대한 생각을 전하고 있다. 그런데 '기차'에 대한 상념이 누구나 했음직한 것이라 식상하게 다가온다. 이런 얘기보다는 기차를 타면서 직접 겪었던 일을 들려주었다면 독자와 소통하기 쉬웠을 것이다. 소소한 경험이라도 직접 겪은 일은 내가 최초로 취한 행동이기에 독자에게 감흥을 전하기가 쉽다.

우리 선조들의 산문도 관념적인 글보다는 직접 겪은 일을 쓴 것이 오늘날 널리 읽힌다. 조선 후기 실학자이며 유명한 문장가였던 이덕무의 글을 소개한다.

때는 계미년(1763) 늦겨울 12월 22일이다. 나는 누런 말에 걸터 앉아 충주로 가기 위해 아침녘에 이부고개를 넘었다. 얼어붙은 구름이 하늘을 꽉 메우더니 눈이 펄펄 날리기 시작하였다. 가로 누워 날리는 눈발은, 마치 베틀 위에 씨줄이 오가는 듯, 어여쁜 눈송이가 귀밑터럭에 내려앉아 내게 은근한 정을 표하는 듯하였다. 앙증맞은 느낌이 들어 머리를 쳐들고 입을 크게 벌려 눈을 받아먹었다.

산속에 난 작은 길들이 가장 먼저 하얗게 바뀌었다. 먼 곳에 있는 소나무는 검은빛을 띠었다. 물이라도 든 양 푸른 소나무는 가까운 곳에 있음을 알겠다.

말라버린 수수깡이 밭 가운데 덩그러니 서 있는데, 눈이 바람을 몰고 스쳐 지나갈 때마다 휙 휙 휘파람을 분다. 수수깡의 붉은 껍질은 꺾인 채로 거꾸로 매달려 있는데, 그 모양이 초서를 쓴 듯 자연스럽다.

말라버린 채 뻗은 수풀의 가지에 앉은 암수 까치는 대여섯 마리나 예닐곱 마리쯤 될까. 몹시도 한가로워 보였다. 부리를 가슴에 파묻고는 눈을 반쯤 감은 채 자는 듯 마는 듯한 새도 있고, 가지에 붙어 제 부리를 가는 새도 있고, 목을 에두르고 발톱을 들어 제 눈을 긁는 새도 있고, 다리를 들어 곁에 있는 까치의 날갯죽지 털을 긁는 새도 있다. 어떤 새는 눈이 정수리에 쌓이자 몸을 부르르 떨어 눈을 날려 떨어뜨린다. 눈동자를 똑바로 뜨고 주시하니 나는 모양이 말이 비탈길을 달리듯 빠르다. (하략)

– 안대회, 『고전 산문 산책』 중에서

글을 읽으면 책갈피에 눈발이 날리는 듯 하고, 묘사된 까치가 손에 잡힐 것 같다. 묘사로는 당대 최고의 솜씨 아닐까? 눈이 내리는 광경을 두고 '마치 베틀 위에 씨줄이 오가는 듯' 하다는 비유적인 표현은 독자를 매혹시킨다. 그리고 수수깡이 거꾸로 매달린 모양을 두고 '초서를 쓴 듯 자연스럽다'라고 말함으로써 글을 고전산문 반열에 올려놓았다. 이덕무가 조선 선비의 현학취미를 멀리하고 자연을 더욱 실감나게 그리려고 시도한 덕분이리라. 실학자로서 동시대 민초들과 소통하려고 자신의 몸을 낮춘 결과로도 이해할 수 있겠다.

이렇듯 글은 우리가 대화할 때 상대방을 배려하듯이, 독자를 의식하며 써야한다. 글로 대화하듯 써야한다는 얘기다. 호적은 '문학개량주의'에서 좋은 문장을 쓰기 위해 지켜야 할 여덟 가지 조목 가운데 첫 번째로 "언어만 있고 사물이 없는 글을 짓지 말 것"이라고 했다. 지식만 뽐내면서 엉성한 관념으로 꾸미지 말라는 것이다.

2. 소통이 잘 된 글

다음 글은 수강생이 숙제로 낸 것이다. 글쓴이의 생각이 명확히 드러나 독자와의 소통이 잘 되었기에 소개한다.

내 어머니는 지금 TV 시청 중

가끔씩, 아주 가끔씩 머릿속이 쑥쑥 거리거나 살아가는 일이 맘먹은 대로 되어주지 않을 때면 무작정 찾아 가는 집이 있다. 그날도 아마 그런 이유 때문이었을 것이다. 하는 일마다 건성이고 영 마음의 갈피를 잡을 수 없었다. '에라, 모르겠다.' 하는 심정으로 하던 일을 접어 버리고 차를 몰았다.

오래 전에 지어졌다는 선배의 흙집은 건평은 이십 평 남짓이나 될까 말까 한데 마당은 무려 400평이나 되었다. 그렇게 넓은 마당에 작물이라곤 거의 찾아볼 수 없고 온 마당을 꽃들이 차지하고 있었다. 이른 봄에 피는 노란 수선화를 시작으로 겨울을 제외한 봄, 여름, 가을 내내 꽃들이 피고 졌다. 봄꽃이 지고 난 자리에 어느새 여름 꽃이 쑥 올라 와 있는 걸 보고 어느 날 내가 물었다.

"선배, 어떻게 봄꽃 진자리에 금세 여름꽃이 올라 와요?" 그 선배의 대답이 좀 재밌었다.

"봄꽃 자리에 여름꽃, 가을꽃을 같이 심거든, 그러면 지들이 알아서들 나왔다 들어갔다 해."

"하아, 서로 비좁다고 쌈질들은 안 할까?"

"왜에 지들도 생명인데, 하겠지."

'집은 그 주인을 닮아 가는 게 아닐까?' 선배의 집을 방문할 때마다 그런 생각이 들곤 한다. 겨우 일 년에 한두 번이긴 하지만 비닐봉지에 뭔가를 들고 그 집을 들락 거린 지도 꽤 오래되었다. '다음' 블로그에서 인연이 되어 처음 선배를 보았을 때만 해도 이렇게 오랜 시간을 만나게 될 줄 몰랐는데 사람의 인연이라는 게 참 알 수 없다는 생각도 든다.

"이 집은 늘 세월이 멈춰 있는 거 같아."

선배 집 마당은 늘 정지된 화면 같다. 오늘도 그 흔한 실장갑 하나 끼지 않은 맨손으로 마당의 잡초를 뽑고 있다 내 목소리에 고개를 들었다. 흰 머리가 성성

해진 앞이마를 찡그리며 서 있던 선배는 햇빛 아래 서 있는 나를 보더니 얼른 집으로 들어가자는 손짓을 했다.

내가 비닐봉지에 담아 들고 간 것들을 주섬주섬 냉장고에 채워 넣는 동안 선배는 말없이 술상을 차렸다. 늘 예고도 없이 불쑥 나타나는 나를 보고서도 웬일이냐고 묻지 않고 술상을 차려 내 오는 선배에게 가끔은 미안한 생각이 들곤 한다. 나보다 서너 살이 연상인 선배는 나이 열여섯에 집을 나가 객지를 떠다니다 마흔이 넘은 나이에 재미삼아 썼다는 소설이 그만 글 밥을 먹고 사는 팔자를 만들었다고 한다. 한 때 자살을 심각하게 생각할 만큼 그녀의 삶은 굴곡진 곳이 많았다. 지금은 어린 나이에 떠났던 고향으로 돌아와 중증 치매를 앓고 있는 어머니와 둘이 살고 있는데 가끔 들러 볼 때마다 그녀의 삶은 좀 고단해 보인다. 형제들은 모두가 요양원으로 모시자 하는 걸 그녀 혼자서 고집을 피우고 있는 중이란다.

내가 선배 집을 찾았던 그날도 노모는 어둑한 방안에서 혼자 TV를 보고 계셨다. 그동안 잘 지내셨냐고 인사를 건네는 내게 "누구신고?" 매번 같은 질문을 하셨다. 어머니에게 점심을 챙겨 드린 후 우린 선배가 만들었다는 오디주를 마셨다. 이런저런 얘기 끝에 문 열린 안방에서 열심히 TV만 보시는 어머니가 신기해서 내가 불쑥 물었다.

"그래도 어머니가 TV는 잘 보시나 봐?"

내 물음에는 대답도 안 하고 선배는 말없이 술잔만 비웠다. 주거니 받거니 취해버린 두 사람이 어머니 옆에 나란히 잠자리를 깔았을 때는 자정이 훨씬 지나 있었다. 건너 편 주방에서 술을 마시느라 그때까지 켜 두었던 TV에서는 캄캄해진 화면이 우박 쏟아지는 소리를 냈다.

"TV 그만 꺼야지. 그런데 선배 뭔 TV를 동해물과 백두산이 할 때까지 틀어놔. 어머니는 벌써 주무시더만."

내 말 끝에 선배는 휴우, 깊은 숨을 몰아쉬었다.

"내가 답답해서 그래, 내 맘 편하자고. 생각해 봐라. 이 어두운 골방에서 하루 종일 우두커니 벽만 바라보고 앉아 있는 엄마를…. 너라면 참아낼 수 있겠냐?"

밤하늘의 달이라도 보고 있는 건지, 밤이 깊은데 마당의 개들이 느닷없이 컹컹 소리를 냈다. 짓던 개들이 잠잠 해 지고서도 한 참을 가만히 있던 선배가 돌아 누으며 끊어졌던 말을 이었다.

"내가 나 자신한테 최면을 걸어보고 있는 중이야. 우리 어머닌 지금 TV를 보고 계시는 중이라고. 그렇게라도 생각을 안 하면 단 하루도 이 상황을 버텨 낼 것 같지 않아서 말야."

지지직거리던 소리가 사라져 조용해진 방안에 선배의 깊은 한숨소리가 대신 들렸다.

"사람도 나이 들어 병들면 그냥 꽃이 지듯이 그렇게 졌으면 좋겠더라. 저기 선운사 동백꽃처럼 한 순간에 뚝, 그렇게 갈 수는 없을까?"

밤이 늦도록 주거니 받거니 술잔을 비웠건만 이상하게도 선배의 목소리에선 술기가 느껴지지 않았다.

치매환자인 노모를 집에서 돌보는 선배와 지낸 하룻밤을 글로 옮겼다. 관찰자로서 선배의 일상을 묘사하다가 대화를 인용하며 선배의 속내를 드러내는 솜씨가 좋다. 짧은 글이지만 인간의 실존을 성찰하게 이끈다. '인간은 누구도 노년의 모습을 예측할 수 없기에 불안한 마음으로 살아가야하는 존재'라는 주제를 은연 중에 드러낸 글이다. 아는 언니를 관조하며 쓴 글이라 독자를 공명하게 한다.

연습문제-서사 쓰기

서사란?

서사는 시간의 흐름에 따라 전개되는 사건이나 행동을 기술하는 글쓰기 방식이다. 즉, '무슨 사건이 발생 하였는가'에 대한 대답이 될 수 있는 내용을 시간의 경과에 따라 써나가는 것이 서사이다. 그렇다고 아무 사건이나 처음부터 끝까지 무작정 그대로 써 나간다고 모두 서사가 아니다. 서사 대상으로서 무엇이 의미 있는 사건이며 본질적으로 중요한 것들인가를 찾아내는 판단력과 이를 적절히 유기적으로 표현할 수 있는 능력이 요구된다.

1. 오늘(혹은 어제) 있었던 일로 간단한 일기를 쓰시오.

작성요령 : 장소 변경과 시간의 흐름을 알리며 쓰시오.

보기 어제는 스승의 날이었다. 연극학회 회원들과 은사님을 모시고 금호지구 횟집에서 저녁 6시 30분에 모여 만찬을 했다. 비교적 저렴한 횟집이지만 광어회 맛은 고급 횟집에 뒤지지 않았다. 횟집에서 8시까지 먹고 마시다가, 올해 연극상 받은 회원 축하를 위해 여흥을 즐길 수 있는 곳으로 자리를 옮겼다. 2차로 간 곳은 사장이 직접 무대에서 노래하기도 하고, 손님도 무대에 오를 수 있는 라이브 카페였다. 우릴 잘 아는 사장이 축하한다며 위스키를 서비스로 주었다. 예전에도 위스키를 맥주에 섞어 마신 후에 대취한 경험이 있기에 몸을 사렸지만, 결국 필름이 끊길 정도로 취해 버렸다. 2차 술값을 누가 계산했는지 궁금해 후배에게 전화했더니, 은사님이 계산하셨단다. 뿐만 아니라 내 택시비까지 은사님이 대납했다니,

쥐구멍에라도 들어가고 싶은 심정이다. 헐~

=

2. 잊지 못할 지인의 사고를 서사의 방식으로 쓰시오. (육하원칙을 염두에 두고)

보기 여러 사람들이 이야기하는 사건의 정황은 이렇다. 지리산에는 그날 아침 비가 굉장히 많이 왔다. 고정희 선생은 지난 밤 12시가 넘어서 지리산에 도착하여 관리사무소 건너편에 있는 상가의 한 식당에서 잠을 잤다. 아침 일찍 산을 오르려고 하자 식당 주인을 비롯하여 여러 사람들이 비가올 것 같고 또 비가 오면 위험하니 산에 오르지 말라고 말렸다. 고정희 선생은 꼭 산에 올라야 된다고 주장하면서 걱정하지 말라고, 여러 번 지리산에 올랐고, (하략)

– 광주대학교 문예창작과 교재편찬위원회, 『삶과 글쓰기』 중에서

=

3. 겪은 일 가운데 기억에 각인된 것을 서사의 방식으로 쓰시오. (특정 사건과 인물의 행동을 선택한 다음 시간의 흐름에 따라 '의미 있게' 표현하시오.)

보기 그날 밤에 톰과 허크는 모험을 할 준비를 단단히 했다. 한 사람은 멀리서 골목을 감시하고 또 한 사람은 여관 문을 지켜보면서 아홉 시까지 그 주위를 맴돌았다. 하지만 그 골목을 드나드는 사람은 아무도 없었다. 스페인 사람과 비슷한 사람이 여관 문을 들어서거나 나서는 것도 보지 못했다. 달빛이 환한 보름날 밤이었다. 그래서 혹시라도 깜깜해지면 허크가 집 밖에 와서 고양이 울음소리를 내기로 약속하고, 톰은 집으로 돌아갔다. 그때 다시 나와서 문을 따 볼 생각이었다. 하지만 그날 밤은 좀처럼 어두워지지 않았다. 허크는 망보기를 단념하고 열두 시경에 자기의 잠자리인 텅 빈 설탕 통속으로 들어갔다.

– 마크 트웨인의, 『톰 소여의 모험』 중에서

=

◇**숙제** : '싸움'을 소재로 글을 쓰시오.

***쓰는 요령** : 가족이나 친구와 말다툼을 벌인 것도 좋고, 살면서 관찰한 것을 대상으로 시간의 흐름에 따라 쓰시오.

11강 치유를 위한 글쓰기

다소 놀라운 사실은 사람들이 심리적 외상에 대해 글을 쓰거나 말하는 동안에 즉각적으로 스트레스가 줄어드는 반응을 보인다는 것이다.

－페니베이커,『글쓰기 치료』중에서

1. 치유를 위한 글 쓰는 요령

여성을 상대로 한 수업 중에 '글쓰기'를 연상하면 떠오르는 것을 쓰라고 했다. 수강생들은 "꿈, 자기 정화, 정직, 길, 안내자, 해방구, 위로자, 인생, 영혼의 정화, 결혼, 자서전, 자신과의 만남, 잘 모르는 것, 산소, 언약, 격정의 시대 견디는 것, 즐거움" 등을 써 냈다. 다양한 생각이 표출되었지만, 많은 분이 글을 통해 위안 받으려한다는 사실을 알 수 있었다. 나이 지긋한 분이 많고, 모두 자신의 삶을 돌아보려고 글쓰기교실에 참여했기에 이런 결과가 나왔을 것이다. 다행히 글쓰기를 하면 내면의 힘을 기르고 스스로 위안 받을 수 있다고 한다. 글쓰기의 치유기능을 살피면 이를 확인할 수 있다.

글쓰기의 치유 기능

1. 고통스러운 현실도 글로 기록하면 견딜만 해진다. 글로 기록하고 나면 잊지 않으려 애쓰지 않아도 될 것 같아 안심하게 된다. 또 글을 쓸 때 누군가와 대화하고 있다는 느낌을 갖기도 한다. 대화를 나누는 동안 고통은 혼자 짊어져야 한다는 외로움은 서서히 사라지고 비로소 나는 안온해 진다.
2. 치유의 과정에서 '나를 보는 것'은 아주 중요하다. 글쓰기는 나의 마음과 상태를 관찰하도록 이끈다. 어쨌든 그렇게 쓰는 과정에서 우리는 계속 자신을 보게 된다. 정신분석이나 분석심리학에서도 '관찰하는 자아'의 힘을 기르는 것을 중요하게 생각한다. 판단이나 편견 없이 누군가를 지켜보는 것은 사랑 행위이다. 다른 누가 나를 지켜보는 것도 좋지만 내 자신을 보는 것도 사랑에 충만한 삶으로 나를 이끄는 행위이다.
3. 자기 자신을 아주 솔직하게 만든다. 그림이나 사진, 동영상으로도 나를 기록할 수 있지만 글쓰기만큼 낱낱이 내면을 기록할 수 있는 매체는 존재하지 않는다.
4. 자신과 비슷한 사람들의 고민을 접하며 위안을 받는다. 그러니까 상담자의 점잖은 충고보다 소박하고 진솔하게 자기 속마음을 드러낸 고민남녀들의 글이 더 큰위로가 되기도 하는 것이다.
5. 우리는 자기 자신에 대해 발설의 욕망을 느낀다.

– 박미라, 『치유하는 글쓰기』 중에서

위의 글처럼 글쓰기는 마음의 병을 드러낼 수 있는 최상의 방법이다. 필기도구만 있으면 쓰기가 가능하기에 돈도 들지 않고, 마음 내키는 시간에 세상에서 제일 편안한 자세로 쓰면 되기에 방해될 것이 없기 때문이다. 노래하면서 쓸 수도 있고, 커피를 마시면서 쓸 수도 있고, 펑펑 울면서 고래고래 악을 쓰면서 써도 무방하다. 그런 과정은 고통스러울 수 있지만, 그렇게 해야 자신의 문제를 돌아보고 맺힌 골을 메울 수 있는 것이다.

이렇듯 모든 병은 고통을 감내해야 근본적인 치료가 된다. 상처받은 마음을 드러내는 것은 고통이 따르지만 어떤 방식으로든지 드러내야 치료가 된다. 비온 후, 집안에 번식하는 곰팡이균을 없애려면 가구를 드러내 방을 구석구석 닦고 환기를 시켜야하듯이, 마음의 균을 없애려면 고민과 콤플렉스를 드러내야한다. 용기를 가지고 글쓰기라는 치료체계에 도전하자.

2. 치유를 위한 글

옛 선비들은 겪은 일을 늘 기록으로 남겼다. 겪은 일을 기록해 후대에 전함으로써 시행착오를 막고, 글을 쓰면서 화를 삭이려 했던 것은 아닐까. 특히 당쟁 때문에 타들어간 속을 글로 다독였으리라. 이순신의 경우도 충성심이 강한 용장이었기에 의분을 참기가 힘들었을 것이다.

22일(정미) 맑음

새벽에 구름이 검더니 동풍이 크게 불었다. 그러나 적을 무찌르는 일이 급하기 때문에 곧 떠나서 사화랑에 이르러 바람 멎기를 기다렸다. 바람이 좀 자는 것 같으므로 배를 재촉하여 웅천에 이르러 삼혜와 의능 두 승장과 의병 성응지를 제포로 보내어 곧 상륙하는 체하게 했다. 또 우도 여러 장수의 배 중에서 시원치 않은 배들을 골라 동쪽 가로 보내어 역시 장차 상륙할 것처럼 속였다. 이것을 본 적들은 당황하여 갈팡질팡한다. 이에 전선을 합쳐서 일시에 무찌르니 적들은 세력이 분산되고 약해져서 거의 섬멸되었다.

그런데 발포의 2호선과 가리포의 2호선이 명령 없이 제 맘대로 돌입하다가 얕은 곳에 걸려 적에게 습격당했으니, 그 통분함에 가슴이 찢어지는 것 같다. 조금 있자니 진도 지휘선이 적에게 포위되어 거의 구제할 수 없이 되었더니, 우후가 바로 들어가 구해냈다.

이때 경상 좌위장과 우부장은 보고서도 못 본 체하고 끝내 구하지 않았으니 그 괘씸함은 이루 말할 수 없다. 통분하기 짝이 없는 일이다. 이 때문에 경상도 수사(원균)에게 책망도 했지만, 오늘의 분함을 어찌 다 말할 수 있으랴. 모두 경상도 수사 때문이다. 돛을 달고 소진포로 돌아와 잤다. 아산에서 뇌와 분의 편지가 웅천 진중으로 왔고 어머님의 편지도 함께 왔다.

– 이순신, 『난중일기』 중에서

이순신의 분한 마음과 결기가 날 것으로 담긴 일기이다. 이 일기는 세 이야기를 담고 있다. 첫 번째가 기만술로 적을 속여 승리했다는 얘기, 두 번째가 부하들이 멋대로 항해하다 습격당한 안타까운 사연, 세 번째는 위험에 처한 아군을 외면한 원균 부대에 대한 분노를 토로하고 있다.

이렇듯 이순신은 희로애락을 글로 남겼는데 일기는 '진군일지' 역할도 했겠지만, 이순신 자신의 스트레스를 푸는 도구로서의 역할도 했을 것이다. 전쟁 중이라 언로가 막혀 있는데다 해군 총사령관으로서 애로사항을 하소연할 곳이 마땅치 않은 상황이라 일기는 그의 불만을 삭히는 역할을 하지 않았을까.

연습문제

1. 다음 작품에서 서사와 묘사를 구분하시오.

여남은 살의 이 아이들은 한마디로 주변의 시골 풍경과 소달구지의 바퀴 자욱이 두 줄로 패여 있는 그 시골길에 흡사하게도 어울리는 차림들이었다. 모표도 달리지 않은 중학교 학생모를 쓴 녀석 하나, 흰 운동모자를 쓴 녀석이 또 한 녀석 있었던 것으로 기억하는데, 그 운동모자는 여러 번 빨래한 것으로 앞 차양 속의 종이가 몇 군데로 밀리어 모아져 있어서 차양의 모양이 원형과 사뭇 다른 것일 뿐 아니라 이마 위로 힘없이 쳐져 버린 그런 운동모자인데 그나마 흙때가 묻어서 새하얗게 뜨이지도 않는 것이었다

그 중에서 가장 나의 시선을 붙잡은 것은 털실로 짠 스웨터였다. 못쓰게 낡아 버린 털실옷의 성한 부분을 실로 풀어서 그 실로 다시 짠 것이었다. 색깔도 무질서할 뿐 아니라 몸통의 색깔과 양팔의 색깔이 같지 않고 양팔 부분도 팔굽 아래를 다시 달아낸 것 같은 소위 털스웨터의 녀석은 그래도 머리에 무슨 모자 비슷한 것을 뒤집어쓰기까지 했다.

나는 똑똑치 못한 옷차림의 꼬마들에 대하여 '춘궁(春窮)'의 냄새 같은 안쓰러운 느낌을 가졌던 것같이 기억된다. 자주 우리들을 할끔할끔 돌아다보는 것이 자기들끼리는 별로 빠져 들 만한 이야기가 없는 듯했다. 처음에는 서오릉 근처의 시골 아이들이 제 집으로 돌아가는 것이기나 한 듯 아무렇지도 않게 여겼으나, 시간적으로 보아오전 아홉시 정도에는 제가끔 제 집들에 있을 시간이라는 생각이 뒤늦게야 일어났다. 그리고 그 중의 한 녀석이 들고 있는 보자기 속에 냄비의 손삽이가 보였다. 이 여섯 명의 꼬마들도 분명히 우리 일행처럼 서오릉으로 봄소풍을

가는 것이다. 나는 이 꼬마들의 덩어리에 끼어들어 오늘 하루를 보내고 싶은 생각이 들었다.

나는 이 꼬마들의 곁으로 걸음을 빨리 하였다. 나는 어린이들의 세계에 들어가는 방법을 누구보다도 잘 안다. 중요한 것은 '첫 대화'를 무사히 마치는 일이다. 대화를 주고받았다는 사실은 서로의 거리를 때에 따라서는 몇 년씩이나 당겨 주는 것이다.

– 신영복, <청구회추억> 중에서

2. 살면서 즐거웠던 일을 서사와 묘사를 섞어 쓰시오. (서사를 통해 이야기의 시간적이고 동적인 면을 강조하고, 묘사를 통해 인물의 모습이나 분위기를 강조하면서 한 단락에서 서사와 묘사는 조화롭게 어울리기도 한다.)

보기 장날 아침에는 지름길을 마다하고 일부러 장터로 돌아 학교엘 갔다. 교문 앞이 말하자면 장의 중심지였다. 교문으로 들어서려다 문득 보면 교문 바로 옆에 책전이 벌여지고, 얘기책이며 유행가집들이 알록달록 늘어 놓였다. 나는 학교로 들어가는 대신 크게 볼일이라도 있는 것처럼 책전 앞에서 서성거렸다. 그러다 보면 종이 쳐, 헐레벌떡 교실로 뛰어 들어가 책보를 풀면 이내 담임선생이 뒤따라 들어서고는 했다. 점심시간이 되면 순식간에 도시락을 먹어 치우고 장 구경을 나섰다. 이때가 장은 한창이었다. 잡화전과 포목전 사이의 공토에서는 약장수가 기타를 치며 사람을 모으고, 이제 열일곱, 열여덟밖에 지나지 않았을 처녀가 서투른 유행가로 약장수 가락에 흥을 더하고 있었다.

– 신경림, <장날> 중에서

=

3. 살아오면서 겪었던 가슴 아픈 사연을 쓰시오.

***쓰는 요령** : 보기를 참고해 겪은 일을 서사와 묘사로 쓰시오. 소설을 쓴다는 생각으로 쓰자.

보기 쌍암리를 떠나던 날은 아침부터 눈이 내렸다. 이삿짐이래야 고작 보통 네댓 개에 지나지 않았지만 이른 아침부터 우리는 그것들을 챙기느라 부산을 떨었는데 어머니는 짐을 챙기다 말고 이따금 방문을 열어 보았다. 그때마다 마당 가득히 쏟아지는 하얀 눈송이가 어머니의 얼굴에 먹구름을 피워 올렸다. 그러나 우리들은 도회지로 이사 간다는 사실만이 감격스러워 어머니의 어두운 표정 따위는 안중에도 없었다. 누나 혼자 얌전히 어머니 일을 거들어 드렸을 뿐, 우리들은 안방과 건넌방에서 철없이 소란을 피우느라 정신이 없었다.

– 유순영, <겨울나무> 중에서

=

12강 발견을 위한 글쓰기

글을 쓰게 되면 우리의 눈은 대상 속에 들어 있는 의미를 간파해 내는 눈을 갖게된다. 내가 관심을 갖게 되는 대상 하나 하나와 긴밀한 만남을 가지기 시작한다. 그리고 나 자신도 그런 눈으로 바라보게 된다. 나 자신을 다시 발견하게 된다. 내 삶의 의미를 다시 생각하게 되고 새로운 인생을 만나게 된다. 그래서 우리가 글을 쓰는 것이다.

– 도종환, 『내 인생의 글쓰기』 중에서

1. 발견을 위한 글 쓰는 요령

고전이 널리 읽히는 이유는 독자를 깨우치게 하기 때문이다. 미혹된 독자가 자신의 참 모습을 발견하도록 안내하기 때문이다. 도종환의 말처럼 독자가 삶의 의미를 다시 생각하게 이끌기 때문이다. 그런데 고전은 의외로 일상의 아름다움을 예찬한 경우가 많다. 거창한 세계보다는 소소한 일상을 그리면서 삶의 정수를 보여 준다. 다음에 소개하는 『야생초 편지』가 그런 경우이다.

관찰력

그림 그리는 사람의 가장 중요한 덕목 중의 하나는 관찰력이다. 관람자에게 강렬한 인상을 주는 그림일수록 화가의 관찰력이 뛰어남을 알 수 있다. 관찰력은 훈련에 의해 강화된다. 그런데 그저 대상을 오래 바라본다고 해서 관찰력이 강해지는 게 아니란다. 대상의 각 부분을 서로 비교 대비시켜 가면서 바라보아야 관찰력이 강해진다. 우리는 보통 어떤 대상을 오랫동안 바라보고 나서는 그것에 대해 잘 안다고 생각하는 버릇이 있다. 그런 사람 더러 보지 않고 그것을 설명해 보라(또는 그려 보라)고 하면 탁 막혀 버리는 것을 종종 본다. 관찰하는 데 있어 시간은 별로 중요한 변수가 못된다. 관찰력이 탁월한 사람은 아무리 짧은 시간이 주어져도 단번에 대상의 특징과 디테일을 잡아낸다.

엊그제도 그런 경험을 했다. 수풀을 그리는데, 풀과 나무와 흙덩이가 마구 뒤엉킨 그것을 일일이 묘사할 수 없으니까 중간 붓을 사용하여 대충 얼버무리는 방식으로 그려 보았다. 물론 그리기 전에는 대상을 충분한 시간을 가지고 들여다 보았지. 안 보고 그릴 수 있다 할 정도로. 그러나 대충 그리는 것으로는 결코 원래의 수풀 기분을 제대로 낼 수가 없었다. 이번에는 가는 붓을 사용하여 세부묘사를 해 보았다. 풀 하나, 나뭇가지 하나, 돌멩이 하나 모두 가려서 그려 보았지. 그랬더니, 세상에 이럴 수가. 그렇게 오랫동안 여러 번 보아 왔던 대상에서 보지 못했던 것이 속속 드러나는 것이었다. 이전엔 말하자면, 보긴 보았으되 껍데기만 본 셈이지. 풀과 흙은 보았지만 풀과 풀, 풀과 흙의 그림자가 서로 어떻게 교차되고, 그 각각의 색깔 대비가 어떻게 이루어져 있는지, 그리고 풀 그림자 너머에는 무엇이 있는지…. 이런 것들은 하나도 보지 못했던 거야. …(중략)… 진리에 다다르는 방식으로 내가 즐겨 쓰는 비유인 '숲 안팎 변증법'(숲 밖 · 숲 안 · 숲 밖을 반복적으로 드나들면서 숲의 실체를 파악하는 방법)을 여기서 다시 한 번 확인할 수 있었다.

– 황대권의 『야생초 편지』 중에서

이 글은 글쓴이가 감옥에서 동생에게 보낸 편지 일부다. 편지라서 구어체를 섞어 썼기에 읽기엔 조금 거슬리지만, 친근감은 더 들게 하는 글이다. 자신이 바라본 풀과 흙을 매개 삼아 삶을 통찰하는 과정을 실감나게 썼다. 글쓴이의 자연과 생태에 대한 남다른 애정 덕분이다. 또 장기수로서 오랫동안 감옥에 살면서 터득한 직관력이 뒷받침 되었기에 가능한 발견이라 할 수 있겠다. 주어진 삶에 순응하되, 머무르지 않고 글쓰기에 집중하면 도달할 수 있는 경지가 아닐까 싶다.

다음에 소개하는 수강생의 글도 일상 속에서 터득한 발견을 노래한다.

버스는 인생을 알게 해주는 고마운 친구!

작년 가을에 가끔 버스를 타고 다닐 때가 있었다. 학교 수업이 저녁 9시에 끝나는 날과 허리가 아프지 않은 날엔 버스를 타고 다녔다. 월요일과 화요일, 금요일은 버스를 이용했었다. 다른 요일의 학교수업은 밤10시 15분에 끝나니 버스를 타려면 수업 끝나기가 무섭게 15분정도 빠른 걸음으로 걸어서 막차 직전 버스를 타야 되기 때문에 숨이 무척 가빴었다.

평소 차를 가지고 다닐 때는 가끔 삶에 대해 불만이 생길 때가 있었다. 버스를 타면서 내 차를 가지고 다닐 수 있음에 감사하고, 그래도 병상에 눕지 않고 잘 걸어 다닐 수 있는 체력이 있음에 감사하게 되었다. 그야말로 버스를 타면서 사소한 일상의 소중함과 감사함을 배운 것이다.

또 버스는 내게 사색할 시간을 선물하는 고마운 존재다. 작년 10월 8일 버스를 타고 가며 쓴 글이 있어 소개한다.

버스 시간에 맞춰 가느라 잠도 덜 깬 눈을 비비고 길을 나선다. 버스가 내게 시간의 압박을 이렇게 심하게 느끼게 하는 줄 몰랐다. 차를 가지고 갈 때는 삼십분 전에 출발하면 되지만 버스를 타는 날엔 1시간 20분 전에 나서야 여유 있게 학교에 도착할 수 있다. 버스는 승용차에 비해 시간을 많이 내야하고 더 많이 걸어야 한다. 정해진 정류장에 내려주는 것에 나를 맞추는 사람이 될 것인가? 아님 나의 방향으로 갈아 탈 것인가? 버스는 사람들이 많이 다니는 길에 주로 다니기 때문에 나의 목적지 보다는 다수의 사람들이 가는 목적지로 가야한다. 그래서 버스를 보면 인생과 흡사하다는 생각이 든다. 많은 사람들이 가는 방향에 버스를 타듯 줄을 설 것인가? 아님 나의 차를 가지고 다니듯 나만의 고유한 영역을 찾아 시간이 걸리더라도 스스로 원하는 방향에 줄을 설 것인가? 내 나이 마흔 셋에 어느 버스에 자신을 맡기듯 다수가 가는 방향에서 단순히 직장을 갖는 사람이 되는 게 나은지, 나의 평생 직업을 정해 그대로 매진하는 것이 나은지 생각해 보게 된다.

평균 수명이 구십이라면 나의 인생의 시계는 24시를 기준으로 정오 즈음 되었을 것이다. 아직 앞날이 구만리 같은데 현실을 위한 직업을 택한다면 과연 내가 그 일을 잘 해 낼 수 있을까 의문이다. 광주 생활 16년 동안 수많은 직종의 일을 해봤다. 현실에 급급해서 택했던 일들은 당시 급한 불을 끌 수 있었지만 한 분야로 정진하는 사람들에 비해 효율적이진 못했다. 그래서 앞으로는 더디 가더라도 나의 차를 운전하듯, 나만의 고유한 일을 해야겠다. 버스는 다수가 가는 길이고, 내가 원하는 방향보다는 사람들이 많이 가는 방향에 데려다 준다. 이젠 내 나이도 중년이다. 더디 가더라도 내 인생의 지도를 보며 차를 직접 몰아가듯 내 길을 가야겠다.

평균수명이 길어지면서 늦은 나이에 재도약을 위해 대학에 진학하는 사람이 늘고 있다. 이 여성도 그런 만학도이다. 40대에 대학에 다니면서 여생의 진로를 솔직하게 고민하고 있기에 비슷한 세대의 관심을 끈다. 버스와 승용차를 견주면서 사고의 전환을 기하려는 글쓴이의 적극적인 태도가 인상적이다. 무심코 이용하는 교통수단이지만 의미를 찾으려 노력하면, 자신의 현재 삶을 더 낫게 이끄는 발견에 이를 수 있음을 보여준 멋진 글이다. 이렇듯 발견은 우리 같은 범인도 관심을 가지면 일상에서 할 수 있다. 물론 남다르게 관찰하고, 직관을 이용하면 더 수월해 질 것이다.

2. 발견을 잘 한 글

앞 절에서 다루었듯이 삶을 풍요롭게 이끄는 '발견'은 삶의 도처에 있다. 소설가 김훈은 황순원의 약봉지를 보고 작가로서 지표를 얻게 되었다고 고백한다.

지표가 된 약봉투

(전략) 황 선생님은 몸이 편찮으셔서 누워 계셨다. 머리맡에 약봉투가 놓여 있었다. 동네 의원에서 지어온 약이었다. 약봉투 겉봉에 '내복약'이라고 적혀 있었고 그 아래 동네 의사의 글씨체로 '황순원'이라고 씌어 있었다. 황순원이라는 이름은 책에서만 대하는 이름이었다. 약봉투 겉봉에서, 동네 의사의 글씨로 적힌 그 이름을 대하니 기가 막혔다. 아, 선생님도 생로병사를 통과하고 있구나. 글이란 그 생로병사의 산물이로구나.

아파서 누워 계신 선생님의 얼굴은 맑고 고요해서, 병과 더불어 오히려 평온해 보였다. 나는 선생님의 병과 선생님의 평온 사이를 헤아릴 수 없었다. 나는 선생님의 약봉투 속을 들여다보았다. 선생님은 누워서 나를 쳐다보며 소리 없이 웃으셨다.

-아니, 그건 왜 들여다보나?

봉투 속에는 마름모꼴 종이에 싼 가루약 세 개가 담겨 있었다. 나는 약을 봉투에서 꺼내놓고 선생님께 말씀드렸다.

-선생님, 이 빈 봉투는 저를 주십시오.

-하하하, 이 사람아 그건 가져가서 뭘 하게?

그렇게 해서, 나는 동네 의사의 글씨로 '황순원' 이름 석 자가 적힌 빈 약봉투를 가져올 수 있었다. 나는 그 빈 약봉투를 선생님이 쓰신 소설책 갈피 속에 보관해오다가 이사통에 잃어버렸다. 선생님은 세상을 떠나시고, 그때의 젊은 기자가 늙어서 선생님의 이름으로 주는 상을 받게 되니 잃어버린 약봉투가 더욱 아깝다. 내 마음 속에서, 그 약봉투는 글과 삶, 양쪽을 이어주는 지표처럼 남아 있다.

– 김훈, 2005년 '황순원문학상' 수상소감 중에서

소설가 김훈이 아득한 기억을 떠올려 쓴 글이다. 소설가에게 글과 삶의 경계는 늘 풀어야할 숙제일 터. 황순원 선생과의 인연을 통해 글과 삶을 통찰하는 솜씨가 일품이다. 어찌 보면 그냥 잊고 지날 일을 토기를 빚듯 직조하여, 시골 우물에서 막 길어 올린 샘물처럼 청정하게 전한다. 윗글에서 "글이란 생로병사의 산물이구나"라는 발견은 놀라운 것이다. 예비작가 김훈이 글이 무엇인가 깨우침을 얻었기 때문이다. 하찮은 약봉지가 김훈이라는 대 작가를 낳는데 일조했다면 비약한 것일까.

연습문제

1. 다음 주제를 구현하는 단편을 쓰자.

주제 : 하늘은 스스로 돕는 자를 돕는다.

***쓰는 요령** : A4 2~3매 분량의 글을 쓰되 문학 장르에 얽매이지 마시오. 앞 장에서 연습한 서사와 묘사를 섞어 쓰면서, 사는 동안 했던 발견(혹은 통찰)을 부각하면 됨.

제2부

좋은 글을 쓰기 위한 요건

이 책의 2부에서는 글쓰기교실 수강생 글의 오류를 지적하고, 글쓰기 실력을 향상시킬 수 있는 이론을 제시했다. 1부처럼 각 절마다 연습문제를 두었기에 2부만 학습해도 작문에 도움되리라 믿는다.

1. 접속부사를 남용하지 말자

접속부사는 앞 문장의 뜻을 뒷 문장에 이어주면서 뒤의 말을 꾸미는 부사이다. 글의 흐름을 매끄럽게 하지만 남용할 경우에 역효과를 낸다. 꼭 필요한 경우 외에는 삭제하는 게 낫다. '그리고, 그래서, 그로부터, 그러므로, 하지만, 그렇기 때문에' 따위의 접속사는 삭제 하는 게 글을 더 매끄럽게 한다. 다음 예문은 접속부사를 남용한 경우이다. 첨삭을 통해 바른 표현을 제시 한다.

예문

그래서 나는 스키장엘 갔다. 그리고 나는 친구를 만났다. 그러고는 우리는 같이 어울려 스키를 탔다. 스키가 매우 재미있었기 때문에 우리는 한 시간 동안이나 탔고, 그러다 보니 어깨가 아파왔다. 그래서 서로 어깨를 주물러 주었다.

첨삭내용

윗글에 쓰인 모든 접속부사는 글의 흐름을 막으므로 삭제하는 게 낫다.

다듬은 글

스키장엘 갔다가 친구를 만났다. 우리는 어울려 스키를 탔다. 스키가 너무나 재미있었기 때문에 우리는 한 시간 동안이나 탔다. 어깨가 아프길래 서로 어깨를 주물러 주었다.

굳이 접속사를 쓸려면 '그' 계열의 접속부사 보다는 적절한 어휘로 대체하는 게 좋다. '그' 계열의 접속사가 앞뒤 문장의 연결 상태를 노골적으로 일러주고, 어감 상으로도 적절치 않기 때문이다.

그래서: 때문에, 따라서, 결국

그러나: 반면, 하지만

그리고: 바로, 게다가, 더구나, 아울러, 덧붙여

예문

무등산엘 올랐다. 그리고 광주 시내를 보았다. 그러나 매연 땜에 잘 볼 수 없었다. 그래서 하산했다.

첨삭내용

윗글은 습관적으로 '그' 계열의 접속부사를 붙인 예이다. 두 번째 문장의 '그리고'는 삭제하고, 세 번째 문장의 '그러나'는 '하지만'으로 바꾸는 게 좋다.

다듬은 글

무등산엘 올랐다. 바로 광주 시내를 보았다. 하지만 매연 땜에 잘 볼 수 없었다. 결국 하산했다.

연습문제

아래 글은 접속사가 남용된 글이다. 문장의 연결이 매끄럽도록 접속사를 삭제하거나 적절한 어휘로 대체하시오.

고등학교 3학년 2학기 초였다. 그날은 주번을 맡고 있었다. 그래서 선생님이 칠판에 가득 써 놓은 수학풀이를 지우고 있었다. 다음 수업 시작 종은 쳤고 선생님들은 이미 복도를 걸어오고 있는 중이었다. 그런데 맨 뒷자리의 같은 반 아이가 필기를 마치지 못했는지 지우지 말라고 소리를 질렀다. 그러나 나는 마음이 급해 무시하고 마저 지워버리려고 더 속도를 냈다. 필기를 하다 화가 난 녀석은 나를 향해 볼펜을 던졌다. 그래서 나도 칠판지우게를 던졌는데, 공교롭게도 그 녀석 얼굴에 정통으로 맞았다. 마침 교실에 들어선 선생님이 수업 준비 안 하고 장난치는 걸로 알고 분필자국이 찍힌 그 녀석의 얼굴을 손자국이 새빨갛게 나도록 때렸다. 그리고 나에겐 칠판지우개를 물고 수업을 받게 했다. 수업 마치는 종이 울리자마자 나는 그 녀석에게 주먹으로 얼굴을 맞았는데 그만 기절해버렸다. 체격도 나보다 훨씬 컸지만 전국체전 권투 부산 대표 선수인지라 돌주먹이었던 것이다. 하지만 그냥 물러설 내가 아니었다. 그 후로 며칠 동안 그 녀석과 나의 혈투가 시작되었다.

=

2. 정치법(正置法)[2])에 따라 쓰자

정치법을 등한시 하면 문장력이 늘지 않을 뿐 아니라 비문을 양산할 수 있다. 아무래도 구어체 습관이나 일부러 멋을 부리려고 쓴 경우에 정치법을 등한시하게 되므로 바른 글쓰기 방법을 터득하기는 어렵기 때문이다. 또 도치(倒置)된 문장을 남용하거나 꾸미는 단어를 주로 쓰면 독자가 이해하기 어렵거나, 문장이 어색해지기 쉽다. 다음 문장은 멋을 부린 도치된 문장이다. 정치법에 맞게 쓰는 게 소통에는 낫다.

예문

그때 알았다. 부러움이 정점에 달하면 누가 나무라지 않아도 스스로 주눅이 든다는 사실을.

첨삭내용

도치 효과도 별로이고, 읽기도 불편하므로 정치법에 맞게 쓰는 게 낫다.

다듬은 글

부러움이 정점에 달하면 누가 나무라지 않아도 스스로 주눅이 든다는 사실을 나는 그 때 알았다.

2) 정치법=문장의 성분을 보통의 바른 순서대로 배열하는 방법.

연습문제

다음 문장을 정치법에 따라 쓰시오.

① 참 오래도 썼다. 남한테 얻어 쓰기 시작한 라디오를 5년 동안 썼으니까.

=

② 이 단락을 여는 문장이 필요합니다. 앞 단락과 시간 차가 많이 나므로…

=

③ 영화가 끝나고 극장을 빠져 나오면서 내가 생각한 것은 '어렵다'였다.

=

3. 조사의 용법을 바로 알고 쓰자

1) 조사의 종류

조사는 단어 또는 어절에 붙어 그 말과 다른 말의 관계를 나타내거나 어떤 뜻을 더해주는 기능을 하는 품사이다. 쓰임에 따라 조사를 분류하면 다음과 같다.

① 주격 조사: 주어임을 표시해 주는 조사로 이/가, 께서, 에서, 서 등이 있다.

㉮ 민수가 학원에 간다.

② 목적격 조사: 목적어임을 표시해 주는 조사로 을/를이 있다.

㉮ 민수는 김치를 잘 먹는다.

③ 관형격 조사: 관형어임을 표시해 주는 조사로 '의'가 있다.

㉮ 민수의 가방은 비싸다.

④ 부사격 조사: 부사임을 표시해 주는 조사로 에, 에서, 에게, 께, 한테, 로, 처럼, 만큼, 같이 등이 있다.

㉮ 너에게 이 공을 줄게.

⑤ 접속 조사: 두 단어를 같은 자격으로 이어 주는 구실을 하는 조사로 와/과, 며, 고 등이 있다.

㉮ 민수와 홍철이는 대학생이다.

⑥ 보조사: 단어에 특별한 뜻을 더해주는 조사로 은/는, 도, 만, 부터 등이 있다.

2) 조사의 쓰임

우리 문장은 조사에 따라 그 의미가 많이 달라지기도 한다. 남영신 교수는 조사 '이'와 '은'의 차이를 아래 두 문장으로 쉽게 설명한다.

㉠ 사람이 누워서 잔다.

㉡ 사람은 누워서 잔다.

㉠은 사람이 실제 누워서 자는 모습을 연상할 수 있다. 즉 누워서 자는 모습을 보면서 그런 문장을 만든 것이다. 이를 묘사문이라고 한다. 보이는 대로 적은 문장이라는 말이다. 이에 비해서 예문 ㉡은 일반적으로 사람이란 누워서 자는 동물이란 말이다. 나무는 서서 자고, 개는 엎드려서 자는데 사람은 누워서 잔다는 것이다. 이를 설명문이라고 한다. 주어의 특성, 상태 등을 드러내 주는 문장이라는 말이다. 이런 엄청난 차이가 조사 하나를 달리 붙임으로써 생긴다는 것은 조사의 기능이 얼마나 결정적이고 광범위한지 증명하는 데 부족함이 없을 것이다.

한국에서 조사의 쓰임을 가장 강조한 작가는 김훈이다. 그는 "한국어를 쓴다는 것은 조사를 쓰는 것입니다. 한국어를 읽는다는 것은 조사를 읽는 것이죠"라면서 한국어에서의 조사의 위상을 극단적으로 얘기하고 있다.

김훈은 그의 <칼의 노래> 첫 문장을 "버려진 섬마다 꽃은 피었다."로 썼다가 너무 뽕짝 냄새가 나 며칠 고민한 끝에 "버려진 섬마다 꽃이 피었다."로 고쳤다고 한다. 감상성을 덜고 비장하게 보이게 하려고 조사 '은'을 '이'로 바꾼 것이다.

연습문제

1) 조사를 남용한 경우이다. 바로 잡으시오.

① 서로의 안부를 묻고 =

② 우리의 교실 =

③ 한 송이의 꽃 =

④ 통일에의 염원 =

⑤ 선거에서의 패배 =

⑥ 소설가로서의 자부심 =

⑦ 억압으로부터의 =

4. 문장에서 '있다' '것' '수' '같다' '되었다'를 줄여 쓰자

안정효는 글쓰기 수업을 하면서 수강생들에게 그들이 써놓은 글에서 '있다'와 '있었다', '것'과 '수'라는 단어를 전부 삭제하는 훈련을 집중적으로 시킨다고 한다. 글이 힘이 없고 늘어지는 단점을 보완하기 위해서란다. 안정효가 지적한 단어 말고도 '같다'와 '되었다'를 줄여 쓰면 글이 더 힘차 보인다. 예로 다음 글은 이런 단어를 남용한 경우이다. 첨삭을 통해 바른 표현을 제시한다.

예문

길거리에서 사람들이 싸우고 있다. 지나가는 사람들이 구경을 하고 있다. 그래서 길이 꽉 막힌 것 같다. 신경질이 난 운전자들이 경적을 울려대고 있다. 한 청년이 디카로 이 장면을 찍고 있다. 나도 싸움은 처음 본 것이라 기대가 되었다.

첨삭내용

첫 문장의 서술어 '싸우고 있다'는 그냥 '싸운다'로 쓰는 게 더 간결하다. 세 번째 문장의 서술어 '막힌 것 같다'는 자신이 직접 본 광경을 말한 것이므로 단정적으로 말해야 한다. 마지막 문장 '기대가 되었다'는 피동표현이므로 '기대를 했다'로 써야 한다.

다듬은 글

길거리에서 사람들이 싸운다. 지나가는 사람들이 구경한다. 그래서 길이 꽉 막혔다. 신경질이 난 운전자들이 경적을 울려댄다. 한 청년이 디카로 이 장면을 촬영한다. 나도 싸움은 처음 봤기에 기대를 했다.

아래 문장은 수강생의 오류 문장을 필자가 첨삭한 내용이다. 독자의 이해를 돕기 위해 소개한다.

① 남자 디자이너의 대사는 지금도 기억이 생생히 있다.

첨삭내용

'기억'을 두고 '있다'라고 서술어를 취했기에 어색해졌다. '생생하다'로 고치거나 '생생하게 기억난다'로 쓰는 게 좋다.

다듬은 글

남자 디자이너의 대사는 지금도 생생하게 기억난다.

② 소쇄(瀟灑)는 양산보의 '호'로 "기운이 맑고 깨끗하다."라는 뜻이 있다.

첨삭내용

추상적 개념을 두고 '있다'라고 표현해 글이 어색해졌다. 그냥 '뜻이다'로 서술어를 쓰면 좋다.

다듬은 글

소쇄(瀟灑)는 양산보의 '호'로 기운이 맑고 깨끗하다는 뜻이다.

③ 속초의 작은 대합실은 겨울방학을 맞아 제법 붐비고 있었다.

첨삭내용

대합실을 두고 '붐비고 있었다'라고 씀으로써 표현이 어색해졌다.

다듬은 글

속초의 작은 대합실은 겨울방학을 맞아 제법 붐볐다.

④ 하나님이 부끄러운 것이 아니라 교인들에게 창피한 것이다. 인정을 받지 못하는 처지가 안 되기에 교회를 가고 싶어도 가지 못하는 것이다. 크리스마스가 부유한 자들의 행사로 치우쳐 가고 있는 것이다.

첨삭내용

세 문장 모두 서술어를 '것이다'로 취함으로써 표현이 어색하다. 다른 서술어로 고치거나 표현을 달리 하면 좋다.

다듬은 글

하나님이 부끄러운 것이 아니라 교인들에게 창피하기 때문이다. 인정을 받지 못하는 처지가 안 되기에 교회를 가고 싶어도 가지 못한다. 크리스마스가 부유한 자들의 행사로 치우쳐 가고 있는 현실이 안타깝다.

연습문제

아래 문장의 '있다' '것' '수' '같다' '되었다'를 삭제하고 더 낫게 고치시오.

교양수업에서 연극을 비디오로 관람하게 되었다. 연극의 첫 장면에서 오장군과 소가 대화를 하고 있다. 무대는 아주 단순하게 꾸며져 있다. 희미한 조명은 마치 안개와 같다. 노모가 등장하자 무대는 더 평화스러워진다. 노모는 소에게도 먹이를 챙겨준다. 모성애의 깊이를 보여주고 있는 것이다. 노모는 고향을 끌어안고 살아가고 있다. 하지만 오장군에게 고향은 노모만큼 중요하지 않는 것 같다. 꽃분이만 함께라면 어디서든 살아갈 수 있다. 벼랑끝 삶일지라도 행복을 느낄 수 있다. 꽃분이 없는 세상을 버티기는 힘들 것 같다. 나는 어렴풋하게나마 장군이 마음을 이해하게 되었다.

=

5. 구어체로 글을 쓰지 말자

구어란 일상대화에서 쓰는 말이고, 문어는 문장에서 쓰는 말이다. 구어의 특성은 말을 계속 잇는 것과 주어와 술어를 생략하는 것을 꼽을 수 있다. 그리고 '아이고, 아니, 참, 뭐랄까, 글쎄' 같은 간투사나 '기가 막히다, 거덜이 나다, 발이 넓다' 같은 관용구를 남용한다. 그렇다보니 비문이 되거나 글이 장황해지기 쉽다. 수강생의 글을 첨삭하면 이를 확인할 수 있다.

예문

① 도로 양 편에 늘어선 늠름한 모습의 나무들과 푸르러 가던 논. ② 뜨 거운 태양 아래 농로를 따라 피어나던 화사한 배롱나무 꽃. ③ 저멀리 초록에서 검은빛으로 짙어지던 산과 그 위 투명한 하늘. ④ 가던 길에 만나던 풍경과 한가함은 휴가라는 즐거움을 한껏 느끼게 해주었다.

[첨삭1. 예로 든 글을 문장 단위로 고쳐보면]

①번 문장

첨삭내용

'나무들'은 '나무'로, '푸르러 가던'도 지금 푸르러지는 것이 아니므로 '푸른'으로 표현해야 한다. 그리고 '푸르러 가던 논'이 어떻다는 것인지를 서술어로 표현해야 한다.

다듬은 글

도로 양 편에 늘어선 늠름한 모습의 나무와 푸른 논은 눈의 피로를 삭혀준다.

②번 문장

첨삭내용

이전에 피어 있는 것이므로 '피어나던'이 아니라 '피어난'으로 써야 한다. 배롱나무꽃과 나와의 상관관계를 생각하며 서술어를 붙여야 한다.

다듬은 글

뜨거운 태양 아래 농로를 따라 피어난 화사한 배롱나무 꽃은 기분을 상쾌하게 만든다.

③번 문장

첨삭내용

검은 빛과 투명한 하늘은 대조된 표현이므로 '대조를 이루며 시선을 끈다'정도가 서술어로 어울린다.

다듬은 글

저 멀리 초록에서 검은빛으로 짙어지던 산과 그 위 투명한 하늘은 묘한 대조를 이루며 시선을 끈다.

④번 문장

첨삭내용

만나던은 만난으로 써야 한다.

다듬은 글

이렇듯 가던 길에 만난 풍경과 한가함은 휴가라는 즐거움을 한껏 느끼게 해주었다.

[첨삭2. 위의 다듬은 문장을 더 낫게 하려고 첨삭하면 다음과 같다]

첨삭내용

첫 문장은 이 글에서 의미를 담고 있지 못하므로 삭제해야 한다. 그리고 전체 글을 통해 한가함에 대한 내용이 없으므로 삭제하는 게 좋다. 끝 문장의 '휴가라는 즐거움'이 어색하므로 표현을 달리해야 한다.

다듬은 글

농로를 따라 화사하게 핀 배롱나무는 기분을 상쾌하게 했고, 저 멀리 초록에서 검은 빛으로 짙어지던 산과 그 위 투명한 하늘은 묘한 대조를 이루며 시선을 끌었다. 이렇듯 가던 길에 접한 풍경 때문에 느낀 여유로움은 휴가 기분을 한껏 고조 시켰다.

연습문제

다음 글은 구어적인 습관이 드러났다. 이 글을 문어체로 고치시오.

딸한테 너는 김치 안 먹어도 되느냐고 물었더니, 별로 먹고 싶지가 않단다. 김치 생각이 안 난다는 말이 이해가 안 갔지만, 나는 당장에라도 한인마트로 달려가고 싶었다. 며칠 후 김치 담을 욕심에 한인마트를 갔다가 야채와 양념 가격을 보니 너무 비싼 시세 때문에 그냥 돌아오고 말았다. 양배추 삶아서 쌈으로 대신하고 오이 무침으로 대신하고 한인이 경영한다는 한식뷔페에서 얻어 와서 먹었다.

=

6. 서술어를 바로 쓰자

서술어와 관련된 오류는 주어와 호응이 안 되어 비문이 된 경우가 가장 많다. 그리고 피동표현도 많이 발견된다. 이런 오류 문장은 주어와 술어가 호응되게 서술어를 고치고, 피동표현은 우리말답게 능동 표현으로 고쳐야 한다. 수강생글의 오류를 첨삭하면서 익히자.

① 빨래를 하다 보면 나도 모르게 자꾸만 시부모님에 대한 짜증이 올라온다.

첨삭내용

짜증이 올라온다고 했는데 짜증은 느끼는 것이므로 서술어가 부적절하다.

다듬은 글

빨래를 하다 보면 나도 모르게 자꾸만 시부모님에 대한 짜증이 난다.

② 비는 계속됐고 우산을 쓰고 동굴이며 해안가 주상절리를 봐야 했다.

첨삭내용

'계속됐고'는 피동표현이므로 '계속 왔고'로 바꾸고, '봐야 했다'도 '봤다'로 고쳐야 한다.

다듬은 글

비는 계속 왔고, 우산을 쓰고 동굴이며 해안가 주상절리를 봤다.

수강생 글을 읽으면 서술어를 생략한 문장을 의외로 많이 접한다. 서술어를 쓰지 않는 이유로는 말버릇을 글로 썼기 때문이다. 말할 때는 상관없지만 글로 표현할 때 서술어를 생략하면 글의 흐름이 흐트러진다. 어디 까지 한 문장으로 할 것인가를 구분하기가 쉽지 않기 때문이다. 다음 글은 시골집 마루에 앉아 느낀 정취를 담은 글이다. 마음 가는 대로 썼지만 독자와 소통하기에는 쉽지 않다. 필자가 분석을 위해 각 문장에 번호를 달았다.

① 드디어 휴가다!!!
② 영광 시골집에서 푸~ 욱~ 휴가는 뭐니 뭐니 해도 집이 최고지!
③ 알맞게 숙성된 콩을 방금 갈아 내린 드립커피!
④ 마루 끝에 걸터앉아 바라보는 투박한 호박잎에 빗방울 튕기는 풍경!
⑤ 방안 컴퓨터에서 흘러나오는 첼로 소리!
⑥ 무등 도서관에서 빌려온 책들…
⑦ 눈도 귀도… 오감이 즐겁다!
⑧ 스르르 잠이 온다.

문장 단위로 줄을 바꿨는데 그러면 문단이 8개나 되어 버린다. 산문을 의도하고 썼지만 운문처럼 보이는 이유이기도 하다. 이 여덟 개 문장은 모두 한 문단으로 이어 써야 한다. 그리고 서술어를 생략했는데 제대로 붙여야 한다.

각 문장을 지적하면,

①번은 느낌표를 한 번만 붙여야 한다.

②번 문장은 앞 문장 영광 시골집과 뒷 문장 집이 중복되므로 앞 문장 영광 시골집을 뒷 문장으로 옮기고 뒷 문장 집은 삭제해야 한다. 서술어를 붙여 고치면,

=휴가는 뭐니 뭐니 해도 영광 시골집에서 보내는 게 최고다.

③번 문장만으로 의미를 담은 문장을 만들기는 어려우니까 ④번 문장과 합쳐 한 문장으로 만드는 게 낫다.

④번 문장은 풍경을 보고 느낀 소감을 밝히는 게 낫다. 서술어도 붙여야 하고. ③번과 ④번을 합쳐 한 문장으로 만들면

=알맞게 숙성된 콩을 방금 갈아 내린 드립커피를 마시며, 마루 끝에 걸터앉아 투박한 호박잎에 빗방울이 튕기는 모습을 바라보면 환상 그 자체다.

⑤번 문장도 서술어를 붙여야 하고 앞 문장과 긴밀하게 이어지는 어떤 표현을 덧붙여야 합니다. 첼로 소리 보다는 첼로 연주라고 해야 낫습니다.

=그 뿐인가? 방안 컴퓨터에서 흘러나오는 첼로 연주는 마음의 안식을 선물한다.

⑥번 문장도 독립적으로는 의미를 부여하기 힘드므로 ⑦번 문장과 합쳐 한 문장을 만드는 게 낫다. ⑦번 문장은 오감에 눈과 귀가 포함되므로 눈도 귀도는 삭제하는 게 낫다. 그리고 굳이 느낌표는 필요 없다. 책들도 책이 복수의 의미를 뜻하므로 복수를 나타내는 어미 '들'은 사족이다. 이 두 문장을 다시 쓰면

=무등 도서관에서 빌려온 책을 읽노라면 오감이 즐겁다.

⑧"스르르 잠이 온다"는 앞 문장과 연결이 매끄럽게 다듬을 필요가 있다.

연습문제

1) 아래 글은 서술어를 생략한 채 썼다. 서술어를 붙여 글을 다듬으시오.

① 고등학교 땐 도시락을 두 개씩 싸 다녔는데 그땐 왜 그리도 배가 고팠던지. 2교시 시작 전에 도시락 까먹고 김치냄새 땜에 공기 환기 시킨다고 창문 열어놓고 덜덜 떨었던 일. 우리가 안쓰러웠던지 빙그레 웃으시며 넘어갔던 담임선생님. 그 짧은 시간에 먹은 도시락 맛은 지금껏 살면서 먹었던 어떤 밥보다도 맛있었다.

=

② 가을 무렵 단풍구경 가려고 전국에서 개최 중인 축제를 알아보는 중에 알게 된 부산불꽃축제. 인터넷 블로그에 있던 부산불꽃축제는 굉장해보였다. "환상적인 볼거리!" "부산의 정취를 느낄 수 있다"는 네티즌들의 추천! 남자 친구와 함께 들뜬 마음으로 부산행. 첫 번째로 찾은 곳은 부산 국제시장. 블로그에서는 먹거리가 많다고 했으나 막상 먹을 만한 음식은 찾기 어려웠다. 먼저 무작정 걸으면서 아이쇼핑. 국제시장은 정말 커서 어디부터 가야할지 고민됐다. 걷다가 배고파 들른 충무김밥집. 특별한 음식은 아니었지만 시장이 반찬이라고 맛있게 먹었다.

=

2) 주어와 서술어가 호응되도록 고치시오.

① 지금도 고초를 겪고 있는 민초들이다.

=

② 이휘호여사는 "이번 조문이 김정일 위원장 사망을 애도하며 통일의 밑거름이 되길 바란다."고 했다.

=

7. 고쳐쓰기를 생활화 하자

고쳐쓰기는 작문 실력을 향상시킬 수 있는 묘약과 같다. 이미 자신이 써 놓은 글을 대상으로 고치는 것이기에 글쓰기 부담도 적고, 고치는 동안 자신의 잘못된 작문 습관을 깨치는 효과도 크다. 고쳐쓰기를 할 때는 주제, 단락, 문장 순으로 하면서 아래의 항목을 꼼꼼히 살피는 게 중요하다.

1) 주제 점검 항목

① 글의 주제는 무엇인가

② 그 주제는 명확하게 드러났는가

③ 그 주제는 가치 있는 것인가

④ 글의 주제에서 벗어난 내용은 없는가

2) 단락 점검 항목

① 각 단락의 통일성은 지켜졌는가

② 단락의 긴밀성은 지켜졌는가

③ 단락의 분량은 적절한가

④ 글의 통일성을 깨트리는 단락은 없는가

3) 문장 점검 항목

① 맞춤법과 띄어쓰기는 잘 지켜졌는가

② 주어와 서술어의 호응은 적절한가

③ 문장은 간결한가

④ 부적절한 어휘는 없는가

⑤ 문장이 우리말 어법에 맞는가

8. 국어 문장의 기본 유형을 바로 알자

국어 문장의 기본 유형은 다음 세 가지이다.

① 명사문: 무엇은(이) 무엇이다. 예: 영희는 학생이다. 콜라는 음료수다.
② 동사문: 무엇이 어찌한다. 예: 영희는 잔다. 비가 오다.
③ 형용사문: 무엇이 어떠하다. 예: 영희는 예쁘다. 하늘이 높다.

국어 문장은 위의 세 가지로 모두 '주어-서술어'로 표현된다. 그런데 한글은 동사문과 형용사문으로 써야 뜻이 명확해진다. 서술어로 주어의 행동을 표현하는 동사문이나, 주어의 상태를 말하는 형용사문이 뜻을 더 명확하게 전달하기 때문이다. 또 명사문은 영어식 표현이기도 하고 서술어와 호응 안 되는 경우가 많으므로 주의해서 써야 한다. 다음 예문은 명사문이다. 첨삭하면서 바른 글쓰기를 모색한다.

예문

한나라당은 표결을 반대하는 입장이다.

첨삭내용

윗 문장은 서술어를 명사 '입장'으로 취한 명사문이다. 이는 주어 '한나라당'과 호응이 안 되므로 동사문이나 형용사문으로 고쳐야 한다. 다시 쓰면,

다듬은 글

"한나라당은 표결을 반대했다." "한나라당은 표결을 반대하는 입장을 취했다." "한나라당은 표결을 반대하기로 결정했다." 등으로 써야 한다.

연습문제

아래 문장은 비문이거나 명사를 서술어로 취해 어색해진 경우이다. 바르게 고쳐 보자.

① 내가 처음 만난 바다는 초라함과 허무함이었다.

=

② 채석강의 바다는 설렘과 가슴 벅참이었다.

=

9. 단문을 즐겨 쓰자

문장에는 '주어-서술어'가 단 한 개만 들어 있는 것도 있고, 두 개 이상 들어 있는 것도 있다. '주어-서술어'가 한 개만 들어 있는 문장을 '단문'이라고 하고, 두 개 이상 들어 있는 문장을 '복문'이라고 한다.

단문의 예 : 아들이 잠을 잔다. 파리가 아들 이마에 앉았다.
복문의 예 : 아들이 잠을 자는데, 파리가 아들 이마에 앉았다.

글을 단문으로 쓰면 읽기에 편하지만 복잡한 생각을 담기에는 한계가 있다. 또 뒷 문장의 연결이 매끄럽지 않은 경우도 발생할 수 있다.

반면에 복문으로 쓰면 생각을 풍부하게 표현할 수 있지만 비문이 될 위험이 많다. 글쓰기 수강생 글을 보면, 주어와 서술어가 호응 안 되어 비문이 된 경우가 많다. 아래 예문은 필자의 수강생이 제출한 글의 일부이다. 세 문장이 모두 복문으로 쓰였다.

① 수술 당일 새벽 보호자를 부르기에 별 생각 없이 의사 앞에 앉았더니 두 번째 수술이라 더 위험하다며 몇 가지 부작용을 일러주고 수술도중 사망할 경우도 있다며 수술동의서를 내 놓는다. ② 엄마와 동생들이 아직 도착 안했고 난 전혀 예상하지 못한 상태라 엄마가 오셔서 사인하면 안 되냐 물었지만 따님도 보호자가 된다며 수술준비를 하려면 지금 해야 한다며 쳐다보는데 더 미룰 자신이 없다. ③ 아빠의 생명을 책임지는 동의서에 내 이름을 쓰면서 흐르는 눈물을 멈출 수가 없었다.

위 세 문장은 모두 복문으로 쓰여 장황해 보인다. ①, ② 문장만 단문으로 고치면 아래와 같다.

먼저, ①번 문장은 서술어가 세 번 쓰인 문장이다. 그래서 세 개의 단문으로 나

눌 수도 있고, 두 개의 단문으로 나눌 수도 있겠다. 먼저, 두 개의 단문으로 나누면,

다듬은 글 1

수술 당일 새벽 보호자를 부르기에 별 생각 없이 의사 앞에 앉았다. 의사는 두 번째 수술이라 더 위험하다며 몇 가지 부작용을 일러주더니, 수술도중 사망할 경우도 있다며 수술동의서를 내 놓는다.

이어 세 문장으로 나누면 훨씬 읽기 편해진다.

다듬은 글 2

수술 당일 새벽 보호자를 부르기에 별 생각 없이 의사 앞에 앉았다. 의사는 두 번째 수술이라 더 위험하다며 몇 가지 부작용을 일러준다. 그러더니, 수술도중 사망할 경우도 있다며 수술동의서를 내 놓는다.

다음으로 ②번 문장은 서술어가 다섯 번 쓰인 문장이다. 독자의 이해를 돕기 위해 문장을 늘려가며 고쳐 본다. 먼저 두 문장으로 나누어 본다.

다듬은 글 1

엄마와 동생들이 아직 도착 안 했고 난 전혀 예상하지 못한 상태라 엄마가 오셔서 사인하면 안 되냐 물었다. 의사는 따님도 보호자가 된다며 수술준비를 하려면 지금 해야 한다며 쳐다보는데 나는 더 미룰 자신이 없었다.

세 문장으로 나누면 다음과 같다

다듬은 글 2

엄마와 동생들이 아직 도착 안 했고 난 전혀 예상하지 못한 상태라 엄마가 오셔서 사인하면 안 되냐고 물었다. 의사는 따님도 보호자가 된다고 했다. 그러면서 수술준비를 하려면 지금 해야 한다며 나를 쳐다보는데 더 미룰 자신이 없었다.

네 문장으로 나누면 다음과 같다.

다듬은 글 3

엄마와 동생들이 아직 도착 안 했다. 난 전혀 예상하지 못한 상태라 엄마가 오셔서 사인하면 안 되냐고 물었다. 의사는 따님도 보호자가 된다고 했다. 그러면서 수술준비를 하려면 지금 해야 한다며 나를 쳐다보는데 더 미룰 자신이 없었다.

다섯 문장으로 나누면 다음과 같다.

다듬은 글 4

엄마와 동생들이 아직 도착 안 했다. 난 전혀 예상하지 못한 상태라 엄마가 오셔서 사인하면 안 되냐고 물었다. 의사는 따님도 보호자가 된다고 했다. 그러면서 수술준비를 하려면 지금 해야 한다며 나를 쳐다보았다. 나는 더 미룰 자신이 없었다.

위에서 고친 문장을 보면 알 수 있겠지만 다섯 문장으로 나눈 글이 가장 읽기 편하고 뜻도 쉽게 이해할 수 있음을 알 수 있다.

연습문제

1. 아래의 장황한 문장을 단문으로 나누어 보자.

① 눈이 어른의 무릎 높이로 쌓여 있어 어른도 버거워하는 등산로를 털 달린 부츠를 신겨 오르려하니 사람에 채이고 눈에 미끌리고 살을 에는 바람에 콧물은 줄줄, 채 10분을 못 넘기고 아이들은 끌려가는 눈썰매처럼 내 손 하나에 의지한 채 징징거렸다.

=

② 티브이를 켜니 격앙된 기자의 목소리를 통해 우면산 산사태 소식과, 평창의 팬션이 무너져 자원봉사 중인 대학생들의 안타까운 사건이 이어지고 각 지역의 사건 사고와 농작물 피해 소식에 눈과 귀가 긴장한다.

=

③ 친구들과 여름휴가를 경치가 아름다운 홍도로 가기로 하였는데, 목포에서 배를 타고 흑산도를 경유 홍도로 가기로 한 2박 3일 코스였다.

=

④ 선상에서 그렇게 시간을 보내다 힘들어서 내가 먼저 객실로 들어왔는데 TV가 없어서 가만히 앉아 있을까 하다가 가져 온 책을 읽었다.

=

10. 의미가 중복되는 어휘를 한 문장에 쓰지 말자

한 문장에 유사한 어휘를 반복해 쓰거나, 동일 어휘를 함께 쓰면 문장이 장황해지기 쉽다. 그럴 경우 독자가 읽기 지루해하므로 의미가 중복되는 문장은 삭제해야 한다. 수강생글의 오류를 살피면서 바른 표현을 익히자.

1) 한 문장에 의미가 중복되는 어휘는 쓰지 말자.

① 아쉽지만 승희네팀이 관중석에 앉아 있는 장면이 클로즈업 되었는데 잠깐 딸의 옆모습을 그나마 볼 수 있어 다행이었다.

첨삭내용

'잠깐'과 '그나마' 의미가 중복되므로 '그나마'는 삭제해야 한다.

다듬은 글

아쉽지만 승희네팀이 관중석에 앉아 있는 장면이 클로즈업 되었는데 잠깐 딸의 옆모습을 볼 수 있어 다행이었다.

② 할머니는 공연을 내내 지켜보시며 좀 지루해 하시고 재미없다 하셔서 내심 마음이 서운해 있었습니다.

첨삭내용

'지루해 하시고'와 '재미없다 하셔서'가 의미상 중복되므로 '지루해 하시고'를 삭제하는 게 좋다. 필자가 관찰한 할머니와 할머니의 말씀이 섞인 문장이므로 일관성 있게 다듬어야 한다. 아니면, 할머니의 마음과 내 마음이 모두 드러나게 고치는 것도 하나의 방법이다.

다듬은 글 1

할머니는 공연을 내내 지켜보시며 재미없다며 서운해 하셨습니다.

다듬은 글 2

공연을 내내 지켜보신 할머니가 재미없다 하셔서, 내심 제 마음이 서운했습니다.

2) 한 문장에 같은 어휘는 쓰지 말자.

① 한 번씩 그 옷을 꺼내 입어 보면 어깨 볼륨이 너무 커서 유행에 너무 뒤 떨어진 것 같아 다시 장롱에 집어넣는다.

첨삭내용

부사 '너무'가 반복해 쓰였다. 뒤에 쓴 '너무'는 없어도 문장에 지장을 주지 않으므로 삭제하는 게 좋다.

다듬은 글

한 번씩 그 옷을 꺼내 입어 보면 어깨 볼륨이 너무 커서 유행에 뒤 떨어진 것 같아 다시 장롱에 집어넣는다.

② 외출할 일이 거의 없어 코트를 거의 입지 않고 지냈다.

첨삭 내용

'거의'가 두 번 쓰여 어색해진 문장이다. 뒤에 나오는 '거의'를 '별로'로 대체하면 더 자연스럽다.

다듬은 글

외출할 일이 거의 없어 코트를 별로 입지 않고 지냈다.

연습문제

한 문장에 의미가 중복되거나 같은 어휘를 쓴 문장이다. 바르게 고쳐 보자.

① 직접 악기들을 책을 보고 연주법을 배우고 한 아이 한 아이 직접 지도하고 가르쳐서 총알이 오가는 수단이라는 나라에서 행사가 있을 때에 군인보다 앞서 악기를 연주하여 그 나라에 화음을 울려 퍼트리는 기적을 만들어 냅니다.

=

② 폭포수 아래 시원 해를 연발하는 친구를 따라 뒤이어 모두 목욕을 시작하려는데 난데없이 비가 내리기 시작하더니 소나기가 폭포처럼 쏟아지기 시작한다.

=

11. 주어 앞에서 주어를 꾸미는 표현을 삼가자

주어 앞에 꾸미는 말이 많이 놓이면 독자가 주어를 파악하기 어렵다. 그렇다보니 문장을 이해하는 데도 장애를 준다. 이런 글의 경우 주어 앞에 놓여 주어를 꾸미는 어휘나 어구를 독립된 문장으로 고치면 좋다. 다음 수강생글은 그런 경우인데 [첨삭 내용]과 [다듬은 글]을 살피면서 바른 표현을 익히자.

예문

포도의 계절이 오면 일주일에 한 번씩 농원으로 포도 사러 가는 핑계로 드라이브하며 예전 포도밭 비닐하우스에서 친구들과 모임 하던 이야기, 아이가 어릴 적 포도 알맹이가 목구멍에 걸려 온 집안이 들썩일 정도로 어른들 걱정 끼친 이야기, 소소한 집안 이야기를 나누는 둘 만의 데이트는 가끔 일상에 지친 우리 부부에게 갈등을 푸는 시간이 되기도 하지요.

첨삭내용

이 문장은 주어가 '포도의~둘만의 데이트'로 네 줄이나 된다. 문장 전체 길이가 다섯줄인 점을 감안하면 매우 기형적인 문장이다. '둘만의 데이트' 앞에 꾸미는 말이 너무 많이 놓여 이해가 쉽지 않다. 두세 문장으로 나누어 간결하게 쓰면 이해가 쉽고, 읽기도 편할 것이다. 필자가 세 문장으로 나눠 본다.

다듬은 글

포도의 계절이 오면 일주일에 한 번씩 농원으로 포도 사러 가는 핑계로 남편과 드라이브 한다. 여행길에 예전 포도밭 비닐하우스에서 친구들과 모임 하던 이야기도 하고, 우리 아이가 어릴 적에 포도 먹다 질식할 뻔 했던 이야기로 웃음꽃을 피운다. 둘만의 데이트는 가끔 일상에 지친 우리 부부에게 갈등을 푸는 시간이기도 하다.

연습문제

주어 앞에 꾸미는 말이 놓인 문장이다. 바르게 고쳐 보자.

1. 청색 모자를 쓰고 귀가 큰 청년이 우리 집에 찾아 왔다.

12. 의견을 말할 때 중언부언하지 말자

수강생글을 첨삭하다보면 유사한 어구를 반복해 쓴 글을 많이 접한다. 그럴 경우 글이 장황해지기 때문에 독자를 지루하게 한다. 필자도 오랫동안 글을 써 왔음에도 불구하고 이런 오류를 가끔 범한다. 다음 예문은 필자가 수강생의 오류를 첨삭한 글로 중언부언한 표현을 했다. 독자의 이해를 돕기 위해 예문으로 제시한다. [첨삭 내용]과 [다듬은 글]을 접하며 바른 글쓰기를 익히자.

예문

이 글은 오랜만에 만난 친구들과 야유회를 다녀온 후에 쓴 글이다. 글을 읽으면 일행의 여정을 확인할 수는 있지만 별다른 느낌을 전달하진 못한다. 그려진 인물에 대한 소개나 사연이 담겨 있지 않기 때문에 글을 공감하기에는 한계가 있다. 적어도 여행 중 나누었던 대화는 인용했어야 했다. 이렇듯 친구를 피상적으로 그렸기에 글쓴이도 나중에 이 글을 읽으면 감흥이 별로일 것이다. 친구들이 피상적으로 그려진 탓이다. 친구가 겪는 어려움을 솔직하게 쓰거나, 친구와 나의 관계를 구체적으로 표현했다면 훨씬 나았으리라 본다.

첨삭내용

세 번째 문장에서 "사연이 담겨 있지 않기 때문에 글을 공감하기에는 한계가 있다"고 했으므로 다섯 번째 문장의 "글쓴이도 나중에 이 글을 읽으면 감흥이 별로일 것이다."는 문장은 삭제하는 게 좋다. 또 다섯 번째 줄 "친구들이 피상적으로 그려진 탓이다"는 문장도 중언부언된 표현이므로 삭제하는 게 좋다.

다듬은 글

이 글은 필자의 수강생글이다. 오랜만에 만난 친구들과 야유회를 다녀온 소감을 담았다. 글을 읽으면 일행의 여정을 확인할 수는 있지만 별다른 느낌을 전달하진 못한다. 그려진 인물에 대한 소개나 사연이 담겨 있지 않기 때문에 공감하기에는 한계가 있기 때문이다. 친구가 겪는 어려움을 솔직하게 쓰거나, 친구와 나의 관계를 구체적으로 표현했다면 훨씬 나았으리라 본다. 적어도 여행 중 나누었던 대화는 인용했어야 했다.

연습문제

아래 글의 중언부언한 표현을 바르게 고쳐 보자.

또한 각 챕터에 연습문제를 두었는데 흥미를 느낄 수 있는 다양한 내용으로 꾸몄다. 연습문제는 재밌는 내용이지만 차츰 난이도를 높임으로써 혼자서 공부하더라도 학습효과를 낼 수 있도록 했다.

연습문제 정답

제1부 글쓰기 연습 12강

1강 솔직하게 쓰기

2. 문장 고쳐쓰기 1

(1) 다음 문장을 바르게 고치세요.

답

① 영수는 청소 시간에 창문을 닦고, 바닥을 쓸었다.

② 우리집 강아지가 새끼를 낳았다.

③ 나는 친구와 약속을 깜빡 잊어버리고 다른 약속을 했다.

④ 철호는 몸이 아프다고 학교에 오지 않았다.

⑤ 추석이면 우리 가족은 모두 모여 만두를 빚는다.

⑥ 나무에 물을 주었다.

⑦ 어머니는 자식이 성공하기를 바랐다.

⑧ 나이를 먹어서 기억력이 떨어진다.

⑨ 술에 취해 필름이 끊어졌다.

⑩ 나는 밥을 먹고 싶다.

2강 구체적으로 쓰기

2. 문장 고쳐쓰기 2

(1) 부적절한 어휘를 고치시오.

답

① 우리나라가 세계적으로 유명해진 것은 2002년 월드컵 대회를 개최한 덕분입니다.

② 그녀는 머리 모양을 바꾸려고 미장원에 들렀다.

③ 쌍둥이도 서로 성격이 다르다.

④ 시험 준비에 시달린 탓인지 체중이 많이 줄었다.

⑤ 갈대는 손가락만큼이나 굵다.

(2) 정서법에 맞도록 표기하시오.

답

① "엄마, 저희가 치우고 설거지 할게요. 너무 걱정 마세요."라고 말했더니, 어머니께서 미소를 지으면서 말씀하셨다. "그렇게 쉽지 않을 걸"

② 한껏 맵시를 부린 희경의 모습에 온 동네 총각들이 법석을 떨었다.

③ 일은 할 만하겠던? 그리고 선생님께서 기뻐하시던?

④ 오늘이 몇 월 며칠이지요?

⑤ 여름 강좌를 알리는 플래카드가 나무와 나무 사이에 걸려 있다.

3강 간결하게 쓰기

2. 문장 고쳐쓰기3

(1) 다음 문장을 바르게 고치시오.

답

① 아버지의 기대에 미치고 싶지만 뜻대로 안 된다.

② 누나가 돈을 주면서 봉투 사오라고 했다.

③ 장학금을 타게 되어 매우 좋다.

④ 네가 도와준 덕분에 일이 잘 풀렸다.

⑤ 열 두 살. 십이 세

(2) 다음 문장을 각 성분이 호응되게 고쳐보자.

답

① 인생은 짧으니까 촌음을 아껴야 한다.

② 인간은 알고 싶어 하는 본능을 타고 난다.

③ 학생은 모름지기 열심히 공부해야 한다.

④ 사업장은 사업장대로 여간 힘이 든 게 아니었다.

⑤ 이 사진은 거미가 사마귀의 체액을 빨아먹는 장면을 찍은 것이다.

(3) 다음 문장을 간결하게 다듬으시오.

답

① 한국 축구의 월드컵 4강 신화는 우리 자신은 물론이거니와 전 세계를 놀라게 한 쾌거라 하지 않을 수 없다.

= 한국 축구의 월드컵 4강 신화는 우리 자신은 물론이거니와 전 세계를 놀라게 한 쾌거다.

② 모의고사를 통해 나타난 약점을 파악해 보강하는 과정을 통해 부족한 부분을 다시 공부하면 성적을 많이 끌어 올릴 수 있다.

= 모의고사를 통해 나타난 약점을 파악해 보강하면 성적을 많이 끌어 올릴 수 있다.

③ 내 인생의 지도를 보며 차를 직접 몰아가듯 내 길을 가야할 때가 된 것 같다.

= 내 인생의 지도를 보며 차를 직접 몰아가듯 내 길을 가야할 때다.

4강 흥미롭게 쓰기

2. 고쳐쓰기 3

(1) 다음 문장을 각 성분이 호응되게 고쳐보자.

답

① 휘발유 값이 또다시 떨어졌다.

② 우리가 싸움에 진 이유는 그쪽을 너무 가볍게 보았기 때문이다.

③ 확실한 것은 그 사람들이 이제까지 잘못을 반성하고 앞으로 진실한 국민으로 살아갈 것이라는 점입니다.

④ 또 다른 부작용은 얼굴변형을 가져올 수 있다는 점이다.

⑤ 간접 경험을 체득하고 산지식을 얻게 해야 한다.

(2) 다음 문장을 바르게 고쳐보자.

답

① 나이를 먹어 기력이 예전만 못하다.

② 친할수록 예의를 지키며 살아야 한다.

③ 내가 꿈꾸던 학과는 기계공학과였는데 어찌하다보니 전기공학과에 입학했다.

④ 현재보다 더 기술이 진보할 미래에는 하이브리드 자동차가 상용화될 것이다.

⑤ 선생님 댁이 어디인지 여쭤 보자.

(3) 문장 성분의 배열에 유의하자

답

① 서양 사람들은 개고기를 먹는 동양 사람들을 야만스럽다고 비난하고 있다.

② 시민들이 아직도 자기가 버린 쓰레기를 되가져 갈 줄 몰라서, 공원은 쓰레기로 몸살을 겪었다.

③ 나는 우리나라의 자연이 어느 외국 사람에게라도 보여 줄만한 가치가 있다고 자랑스럽게 생각한다.

④ 여러분의 평화로운 전원생활을 위해 최선을 다 했습니다.

⑤ 중앙선을 침범해 과속으로 광주로 향하던 승용차가 마주오던 트럭과 부딪히는 교통사고가 발생했다.

5강 대화 바로 쓰기

2. 고쳐쓰기4

(1) 문장 성분의 생략에 유의하자

답

① 지금 와서 생각해 보니, 수민이가 체육대학에 입학하는 데 달리기가 큰 힘이 되었다.

② 날 버리고 간 사람에게 복수하지 말고, 날 버린 사람이 후회하게 하라.

③ 경찰 조사 결과 절도범은 훔친 돈을 술을 마시는 등 유흥비로 썼다고 한다.

④ 우리는 밤늦게까지 친구를 만나지는 않는다.

⑤ 부모는 학교에서 돌아온 자녀를 또다시 학원으로 내쫓지 말고 따뜻하게 대화를 나누고, 자녀와 같이 어려운 공부를 생각해 보고, 주말이면 가족과 더불어 자연 속에서 생활하도록 자녀를 유도하자.

(2) 문장 성분의 호응에 주의하자

답

① 손을 많이 다쳐 원고를 쓸 수 없었다.

② 사랑은 서로 마주보는 것이 아니라 같은 곳을 바라보는 것이다.

③ 내가 목표하는 학과에 가기 위해서라기보다는 학생의 직분인 학문의 진리를 탐구하기 위해서다.

④ 이번 프로젝트가 실패한 이유는 상대 회사를 너무 가볍게 보았기 때문이다.

⑤ 배움은 결코 학교 교육에서의 지적 교육만을 의미하지 않는다.

(3) 아래의 문장을 간결하게 고치시오.

김영팔 희곡 <부음>은 혁명가에게 적합한 연애관, 자식으로서의 도리, 전선 출정의 문제를 유형적으로 묘사하지 않고 유기적으로 통일시킴으로써 선형창출을 보이고 있고 이전의 작품에서 드러난 도식적 사건 전개의 혼재, 현실에 대한 감성적인 인식과 현실을 병렬적으로 나열하는 차원을 넘어 사실주의극으로서의 가능성과 연극적인 재미를 갖추고 있어 30년대 개성의 대중극단과 서울의 이동식 소형극장 같은 좌경극단의 레퍼토리로 선정돼 연극 무대에 자주 올려 졌고 교양극으로 활용되었다.

첨삭내용

이 문장은 서술어가 세 번 이상 쓰인 복문입니다. 서술어를 단위로 단문으로 다시 나누는 게 낫습니다. 세 개의 단문으로 나누면 아래와 같습니다.

답

김영팔 희곡 <부음>은 혁명가에게 적합한 연애관, 자식으로서의 도리, 전선 출정의 문제를 유형적으로 묘사하지 않고 유기적으로 통일시킴으로써 나름대로 전형창출을 해 보인다. 이전의 작품에서 드러난 도식적 사건 전개의 혼재, 현실에 대한 감성적인 인식과 현실을 병렬적으로 나열하는 차원을 넘어 사실주의 극으로서의 가능성과 연극적인 재미를 갖추고 있기도 하다. 그래서 30년대 개성의 대중극단과 서울의 이동식 소형극장 같은 좌경극단의 레퍼토리로 선정돼 연극 무대에 자주 올려졌고 교양극으로 활용되었다.

6강 단락 쓰기

1. 다음 내용을 읽고 소주제문을 찾아보시오.

답

① 이렇듯 순수예술의 입지가 갈수록 좁아지고 있는 상황에서 순수 예술가들의 생존을 위한 싸움은 눈물겹다.

② 연애관련 직업에 대한 이런 청소년들의 관심은 여타 순수예술을 위기에 빠트리고 있다.

③ 이런 점에서 연극의 '소멸'은 연극이 존재하는 이유 가운데 하나라 할 수 있다.

7강 비유적으로 쓰기

2. 다음 단락의 소주제문과 통일성을 깨뜨리는 부분을 각각 찾아보시오.

답

주제문 : 핸드폰은 언제 어디서나 사람을 만나게 해주는 안테나다.

통일성을 깨뜨리는 문장 : 전화가 걸려오면 피하기도 어렵다.

8강 인물의 표현

3. 아래 글의 단락을 다시 나누고 글이 긴밀해지도록 단락을 재배열하시오.

답

뮤지컬 <두 남자>를 보고

6월 17일(금)~19일(일)에 광주문화예술회관 소극장에서는 두 남자가 등장해 <고금소총> 한 대목을 관객에게 들려주고 있었다. 소심한 선비 최수재가 늦장가를 가려다 숙부의 간계로 어려움을 겪자, 장차 아내가 될 처녀가 지혜를 발휘해 결국 결혼에 성공한다는 이야기였다. <고금소총>은 조선시대 민간에 전해오는 우스갯소리를 모아놓은 책이다. 연출가 반무섭이 이 책을 차용하여 작품을 썼다고 한다.

연출가 반무섭은 중앙무대에서 이름을 떨치고 있는 극단 <작은 신화>의 중견 연출가지만 최근 광주와 인연을 맺어 오고 있다. 올해 5월에 개최된 광주평화연극제에 광주민주화운동을 다룬 <망각>으로 참여하여 '평화연극상'을 수상했고, 이 작품은 광주 연극협회에서 브랜드공연으로 제작할 예정이라고 한다. 중앙 무대에서 활약하는 연출가가 지방 연극에 참여하기가 쉽지 않은데 환영할 일이다.

작품은 "남자들이 얘기하는 여자이야기"라는 극단 측의 슬로건처럼 주정뱅이 두 남자가 술잔을 기울이며 구전하는 여자이야기를 서로 들려주는 구조를 취하고 있다. 이미 2006년 서울에서 2인극으로 공연되었던 작품인데 "노골적인 육담으로부터 거리를 두면서도 한국적 소극의 새로운 소재와 형식을 구현해 내는 데 상당한 정도의 성과를 낸 작품이다."는 평처럼 독특한 코미디의 세계를 선보였다.

설화적 세계를 익살스럽게 표현하면서 특유의 유머를 선보인 점은 필자의 관심을 끌었지만, 이야기가 식상하고 퇴행적으로 그려진 탓에 막이 오르고 얼마 동안 극이 매우 정체된 느낌을 받았다. 특히 속도와 변화에 익숙해 사는 요즘의 관객들에게 옛이야기를 회귀적으로 들려주는 방식은 감내하기 힘들어 보였다. 이런 이유로 관객 몇 명은 극이 종료되기도 전에 극장 문을 열고 나가는 무례를 범하기도 했다.

작품에서 가장 아쉬운 점은 코러스였다. 이 작품에서 코러스 역할은 장면 전환을 할 때 그 틈을 메우면서 관객의 흥을 돋구는 역할로 보였는데, 그 효과는 미약했다. 또 세 명의 코러스가 작품의 뮤지컬로서의 성격을 부각할 요량으로 노래하고 춤을 췄지만, 노래는 아마추어 수준이었고, 춤도 작품 분위기와 어울리지 않았다. 코러스를 등장시킴으로써 원래 2인극이었던 작품의 아우라가 휘발돼버린 느낌을 지울 수 없어 아쉬웠다.

이런 안타까움이 있었지만 연극 매체에 관심이 많은 필자에겐 흥미로운 연극이었다. 잊혔던 우리 고유의 말투와 몸짓을 우리 문헌에서 찾아내 새로운 연기 스타일로 가공해 선보인 점이 눈길을 끌었다. 특히 두 배우가 대화를 통해 설화를 재현하는 방식이 만담의 효과를 내며 웃음을 유발한 점이 좋았다. 발상의 기발함과 기교적인 면에서는 개그콘서트에 못 미쳤지만, 우리 선조들의 일상을 통해 삶의 지혜를 깨우치게 한다는 점에서 제대로 된 코미디를 한 편 본 느낌이었다. 반찬 수가 많아야 입맛이 돋듯 연극판도 다양한 볼거리가 있어야 관객이 몰릴 것이다. 뮤지컬 <두 남자>는 최근 초청된 연극 가운데 가장 독특한 볼거리를 제공한 연극이었다.

화가가 빈 캔버스에 물감을 묻혀가며 그림을 그리듯, 배우는 빈 무대에 말과 몸짓을 통해 이미지를 채워 나간다. 이런 점에서 둘의 작업 과정은 비슷해 보이지만, 그 결과는 사뭇 다르다. 작업을 마친 화가의 캔버스엔 그림이 남아 있지만, 연극을 마친 배우에겐 아무 것도 남아 있지 않기 때문이다. 비관적으로 말하자면 미술은 생산적인 반면에 연극은 소모적이라 할 수 있다. 하지만 역설적으로 이렇듯 '사라지 는 것'이 관객을 또한 매료 시킨다. 인생이란 무대에서 떠들어대다 어느 순간에 사라져 버리는 우리 처지와 같기에 관객에게 울림을 남기는 것이다. 이런 점에서 연극의 '소멸'은 연극이 존재하는 이유 가운데 하나라 할 수 있다.

그렇더라도 필자는 이런 연극의 소멸을 아쉬워하며 리뷰로나마 그 흔적을 새기려한다. 그래서 '컬쳐인' 창간이 고맙다. 한 번 맺은 인연을 오랫동안 이어가길 바라며 첫 번째 연극 리뷰를 맺는다.

11강 치유를 위한 글쓰기

1. 다음 작품에서 서사와 묘사를 구분하시오.

답

첫 번째와 두 번째 단락은 서사적인 표현이고 나머지 두 단락은 묘사에 가까운 글이다.

제2부 좋은 글을 쓰기 위한 요건

1. 접속부사를 남용하지 말자

답

고등학교 3학년 2학기 초였다. 그날은 주번을 맡고 있었기에 선생님이 칠판에 가득 써 놓은 수학풀이를 지우고 있었다. 다음 수업 시작종은 쳤고 선생님들은 이미 복도를 걸어오고 있는 중이었다. 맨 뒷자리의 같은 반 아이가 필기를 마치지 못했는지 지우지 말라고 소리를 질렀다. 나는 마음이 급해 무시하고 마저 지워버리려고 더 속도를 냈다. 필기를 하다 화가 난 녀석은 나를 향해 볼펜을 던졌다. 나도 칠판지우개를 던졌는데, 공교롭게도 그 녀석 얼굴에 정통으로 맞았다. 마침 교실에 들어선 선생님이 수업 준비 안 하고 장난치는 걸로 알고 분필자국이 찍힌 그 녀석의 얼굴을 손자국이 새빨갛게 나도록 때렸다. 나에겐 칠판지우개를 물고 수업을 받게 했다. 수업종이 울리자마자 나는 그 녀석에게 주먹으로 얼굴을 맞았는데 그만 기절해버렸다. 체격도 나보다 훨씬 컸지만 권투 부산 대표 선수인지라 돌주먹이었던 것이다. 하지만 그냥 물러설 내가 아니었다. 그후로 며칠 동안 그 녀석과 나의 혈투가 시작되었다.

2. 정치법(正置法)에 따라 쓰자

답

① 참 오래도 썼다. 남한테 얻어 쓰기 시작한 라디오를 5년 동안 썼으니까.

= 남한테 얻어 쓴 라디오를 5년 동안 썼다니, 참 오래도 썼다.

② 이 단락을 여는 문장이 필요합니다. 앞 단락과 시간차가 많이 나므로…

= 앞 단락과 시간차가 많이 나므로 이 단락을 여는 문장이 필요합니다.

③ 영화가 끝나고 극장을 빠져 나오면서 내가 생각한 것은 '어렵다'였다.
= 극장을 빠져 나오면서 영화 내용이 어렵다는 생각을 했다.

3. 조사의 용법을 바로 알고 쓰자

답

① 서로의 안부를 묻고= 서로 안부를 묻고
② 우리의 교실= 우리 교실
③ 한 송이의 꽃= 한 송이 꽃
④ 통일에의 염원= 통일에 대한 염원
⑤ 선거에서의 패배= 선거의 패배
⑥ 소설가로서의 자부심= 소설가로서 자부심
⑦ 억압으로부터의= 억압에서

4. 문장에서 '있다' '것' '수' '같다' '되었다'를 줄여 쓰자

답

교양수업에서 연극을 비디오로 관람했다. 연극의 첫 장면에서 오장군과 소가 대화를 나눴다. 무대는 아주 단순하게 꾸며졌고, 희미한 조명은 마치 안개와 같았다. 노모가 등장하자 무대는 더 평화스러워졌다. 노모는 소에게도 먹이를 챙겨주는 등 모성애를 보였다. 노모는 고향을 끌어안고 살아가지만 오장군에게 고향은 노모만큼 중요하지 않다. 꽃분이와 함께라면 어디서든 살아갈 수 있다. 벼랑끝 삶일지라도 행복을 느끼며 살 수 있으리라. 나는 어렴풋하게나마 장군이 마음을 이해했다.

5. 구어체로 글을 쓰지 말자

답

딸한테 너는 김치 안 먹어도 되느냐고 물었더니, 별로 먹고 싶지 않다고 한다.

김치 생각이 안 난다는 말을 이해하기 어려웠지만, 나는 당장에라도 한인마트로 달려가고 싶었다. 며칠 후 김치 담을 욕심에 한인마트에 갔더니 야채와 양념 가격이 너무 비쌌다. 그래서 그냥 돌아오고 말았다. 그냥 양배추 삶고, 오이를 무쳐서 쌈으로 대신했다. 또 한인이 경영한다는 한식뷔페에서 얻어 와 먹었다.

6. 서술어를 바로 쓰자

1) 아래 글은 서술어를 생략한 채 썼다. 서술어를 붙여 글을 다듬으시오.

답

① 고등학교 땐 도시락을 두 개씩 싸 다녔는데 그땐 왜 그리도 배가 고팠던지 모르겠다. 2교시 시작 전에 도시락 까먹고 김치냄새 땜에 공기 환기 시킨다고 창문 열어놓고 덜덜 떠는 게 다반사였다. 우리가 안쓰러웠던지 빙그레 웃으시며 넘어갔던 담임선생님은 잘 계실까? 그 짧은 시간에 먹은 도시락 맛은 지금껏 살면서 먹었던 어떤 밥보다도 맛있었다.

② 가을 무렵 단풍구경 가려고 전국에서 개최 중인 축제를 알아보는 중에 '부산불꽃축제'를 알게 되었다. 인터넷 블로그에 있던 '부산불꽃축제'는 굉장해보였다. "환상적인 볼거리!" "부산의 정취를 느낄 수 있다"는 네티즌들의 추천이 부산으로 발길을 향하게 했다. 남자 친구와 함께 들뜬 마음으로 부산행 버스에 올랐다. 첫 번째로 부산 국제시장을 찾았다. 블로그에서는 먹거리가 많다고 했으나 막상 먹을 만한 음식은 찾기 어려웠다. 먼저 무작정 걸으면서 아이쇼핑을 했다. 국제시장은 정말 커서 어디부터 가야할지 고민됐다. 걷다가 배고파 충무김밥집에 들렀다. 특별한 음식은 아니었지만 시장이 반찬이라고 맛있게 먹었다.

2) 주어와 서술어가 호응되도록 고치시오.

① 지금도 고초를 겪고 있는 민초들이다.

첨삭내용

위 문장은 민초가 주어인데 서술어로 쓰임으로써 주어와 술어 관계가 어색해졌다. 명사를 서술어로 취한 영어식 문장이므로 주어를 문두로 옮겨 한글답게 써야 한다. 그리고 한 문장에 '초'가 두 번 쓰였으므로 표현을 달리하는 게 좋다.

답

지금도 민초들은 고통을 겪고 있다.

② 이휘호여사는 "이번 조문이 김정일 위원장 사망을 애도하며 통일의 밑거름이 되길 바란다."고 했다.

첨삭내용

인용문에서 '이번 조문'이라는 주어에 '애도한다'라는 서술어와 '바란다'라는 서술어가 함께 쓴 점은 잘못이다. 앞 문장 서술어 '애도한다'는 주어와 호응이 안 된다. 그러므로 두 문장으로 나누거나, 한 문장에 다 담으려면 주어를 달리 써야 한다.

답

이휘호여사는 "김정일위원장 사망을 애도하며, 이번 조문이 통일의 밑거름이 되길 바란다."고 했다.

8. 국어 문장의 기본 유형을 바로 알자.

① 내가 처음 만난 바다는 초라함과 허무함이었다.

첨삭내용

초라함, 허무함이라는 명사적 표현이 문장을 어색하게 한다. 동사적 표현으로 바꾸면 훨씬 뜻이 명확해짐을 알 수 있다.

답

내가 처음 만난 바다는 초라했고, 허무함을 느끼게 했다.

② 채석강의 바다는 설렘과 가슴 벅참이었다.

답

채석강의 바다는 나를 설레게 했고 가슴 벅차게 만들었다.

9. 단문을 즐겨 쓰자

① 눈이 어른의 무릎 높이로 쌓여 있어 어른도 버거워하는 등산로를 털 달린 부츠를 신겨 오르려하니 사람에 채이고 눈에 미끌리고 살을 에는 바람에 콧물은 줄줄, 채 10분을 못 넘기고 아이들은 끌려가는 눈썰매처럼 내 손 하나에 의지한 채 징징거렸다.

첨삭내용

한 문장에 너무 많은 얘기를 하려다보니 글이 장황해졌다. 앞 문장 '~콧물은 줄줄'에 서술어 '흘렀다.'를 붙여 문장을 나누는 게 낫겠다. 그리고 부츠를 누가 신었다는 것인지와 콧물 흘린 주체를 첨가해야 한다. 앞 문장에서 '어른'이 두 번 쓰였는데 삭제하거나 다른 어휘로 바꿔야 한다.

답

눈이 내 무릎 높이까지 쌓여 있어 어른도 버거워하는 등산로를 초등학생인 두 아이에게 털 달린 부츠를 신겨 오르려하니 사람에 채이고 눈에 미끌리고 살을 애는 바람에 둘째 아이가 콧물을 줄줄 흘렸다. 채 10분을 못 넘기고 아이들은 끌려가는 눈썰매처럼 내 손 하나에 의지한 채 징징거렸다.

② 티브이를 켜니 격앙된 기자의 목소리를 통해 우면산 산사태 소식과, 평창의 팬션이 무너져 자원봉사 중인 대학생들의 안타까운 사건이 이어지고 각 지역의 사건 사고와 농작물 피해 소식에 눈과 귀가 긴장한다.

첨삭내용

티브이를 통해 본 뉴스 내용을 한 문장에 너무 많이 담았다. 문장의 주어도 생략되어 있으므로 뒷 문장에 '내'를 첨가해야 한다.

답

티브이를 켜니 격앙된 기자의 목소리를 통해 우면산 산사태 소식과, 평창의 팬션이 무너져 자원봉사 중인 대학생들의 안타까운 사건이 이어졌다. 또 각 지역의 사건 사고와 농작물 피해 소식에 내 눈과 귀가 긴장한다.

③친구들과 여름휴가를 경치가 아름다운 홍도로 가기로 하였는데, 목포에서 배를 타고 흑산도를 경유 홍도로 가기로 한 2박 3일 코스였다.

첨삭내용

한 문장에 서술어로 '하였다'와 '코스였다'를 취함으로써 문장이 장황해 보인다. 앞 문장의 서술어 '하였는데'를 '하였다'로 고쳐 문장을 따로 두는 게 낫겠다. 그리고 뒷문장의 '홍도로 가기로 한'은 '로'가 중복되어 읽기가 불편하므로 표현을 달리 하는 게 좋다.

답

친구들과 여름휴가를 경치가 아름다운 홍도로 가기로 했다. 목포에서 배를 타고 흑산도를 경유해 홍도로 가는 2박 3일 코스였다.

④선상에서 그렇게 시간을 보내다 힘들어서 내가 먼저 객실로 들어왔는데 TV가 없어서 가만히 앉아 있을까 하다가 가져 온 책을 읽었다.

첨삭내용

한 문장에 '보냈다', '들어왔다', '없다', '읽었다' 등 서술어가 많이 쓰였다. 이런 경우 읽기 불편하고, 이해에 어려움을 주므로 문장을 단문으로 나누는 게 낫다.

답

선상에서 그렇게 시간을 보내다 힘들어서 내가 먼저 객실로 들어왔다. 객실에는 TV가 없었다. 가만히 앉아 있을까 하다가 가져 온 책을 읽었다.

10. 의미가 중복되는 어휘를 한 문장에 쓰지 말자

① 직접 악기들을 책을 보고 연수법을 배우고 한 아이 한 아이 직접 시도하고 가르쳐서 총알이 오가는 수단이라는 나라에서 행사가 있을 때에 군인보다 앞서

악기를 연주하여 그 나라에 화음을 울려 퍼트리는 기적을 만들어 냅니다.

첨삭내용

'지도하고'와 '가르쳐서'는 같은 뜻이므로 '가르쳐서'는 삭제하는 게 낫습니다. 그리고 '직접', '아이'가 반복되어 쓰였고, '수단'과 '나라'도 의미상 중복되므로 삭제해야 합니다.

답

직접 책을 보고 악기 연주법을 익혀 아이들을 개별적으로 지도해 총알이 빗발치는 수단에서 행사가 있으면 군인보다 앞서 악기를 연주하여 그 나라에 화음을 울려 퍼트리는 기적을 만들어 냅니다.

② 폭포수 아래 시원 해를 연발하는 친구를 따라 뒤이어 모두 목욕을 시작하려는데 난데없이 비가 내리기 시작하더니 소나기가 폭포처럼 쏟아지기 시작한다.

첨삭내용

폭포, 비와 소나기, 시작이 반복 사용되었으므로 삭제해야 한다.

답

폭포수를 맞으며 "시원해!"를 연발하는 친구를 따라 모두 목욕을 시작하려는데 난데없이 비가 퍼붓기 시작한다.

11. 주어 앞에서 주어를 꾸미는 표현을 삼가자

① 청색 모자를 쓰고 귀가 큰 청년이 우리 집에 찾아 왔다.

첨삭내용

주어를 꾸미는 말이 주어 앞에 놓이면 글이 장황해 보인다. 이럴 경우 주어를 꾸미는 표현을 독립 문장으로 만들어 주면 글이 간결해 진다. 주어 '청년'을 꾸미고 있는 '청색 모자를 쓰고 귀가 큰'을 주어와 서술어를 갖춘 문장으로 만들면 좋다.

답

청년이 우리 집에 찾아 왔다. 그는 귀가 크고 청색 모자를 쓰고 있었다.

12. 의견을 말할 때 중언부언하지 말자

① 또한 각 챕터에 연습문제를 두었는데 흥미를 느낄 수 있는 다양한 내용으로 꾸몄다. 연습문제는 재밌는 내용이지만 차츰 난이도를 높임으로써 혼자서 공부하더라도 학습효과를 낼 수 있도록 했다.

첨삭내용

첫 문장에서 연습문제는 "흥미를 느낄 수 있는 다양한 내용으로 꾸몄다."고 했으므로 다음 문장에서 "연습문제는 재밌는 내용이지만"은 필요 없다. 글이 반복된 느낌을 전달하기만 한다. 그리고 '차츰'은 꾸밈을 받는 말 '높임으로써' 바로 앞에 두는 것이 낫다.

답

또한 각 챕터에 연습문제를 두었는데 흥미를 느낄 수 있는 다양한 내용으로 꾸몄다. 그리고 연습문제의 난이도를 차츰 높임으로써 혼자서 공부하더라도 학습효과를 낼 수 있도록 했다.

□ 참고문헌

광주대학교 문예창작과 교재편찬위원회, 『삶과 글쓰기』, 광주대학교출판부, 2004.

고은, <나의 어머니>, 이상 · 나희덕 엮음, 『우리 수필』, 실천문학사, 2010.

공지영, 『지리산 행복학교』, 오픈하우스, 2010.

기형도, 『입속의 검은 잎』, 문학과 지성사, 2001.

김정희, 신호열 편역, 『완당전집』, 민족문화추진회, 1988.

김수현, 『드라마 아카데미』, 펜타그램, 2005.

김준오, 『시론』 삼지원, 1982.

김훈, 『칼의 노래』, 생각의 나무, 2001.

김훈, 『바다의 기별』, 생각의 나무, 2008.

도종환 외, 『내 인생의 글쓰기』, 나남, 2008.

박동규, 『글쓰기를 두려워 말라』, 문학사상사, 1997.

박미라, 『치유하는 글쓰기』, 한겨레출판사, 2008.

신경림, <장날>, 이상 · 나희덕 엮음, 『우리 수필』, 실천문학사, 2010.

신영복, 『감옥으로부터의 사색』, 돌베개, 2010.

안정효, 『글쓰기 만보』, 모멘토, 2006.

안치운, 『연극과 기억』, 을유문화사, 2007.

유본힉, <옛집을 둘리보다>, 안대회 지음, 『고전산문산책』, 휴머니스트, 2008.

윌리엄 진서, 이한중 옮김, 『글쓰기 생각쓰기』, 돌베개, 2007.

이덕무, <7십리 눈길을 걷고>, 안대회 지음, 『고전산문산책』, 휴머니스트, 2008.

이순신, 이민수 역, 『난중일기』, 범우사, 2000.

이승우, 『당신은 이미 소설을 쓰기 시작했다』, 마음산책, 2006.

이외수, 『글쓰기의 공중부양』, 해냄, 2006.

이태준, 『문장강화』, 범우사, 1997.

이효석, <메밀꽃 필 무렵>, 을유문화사, 1994.

전남대학교 교육발전연구원 편, 『글쓰기』, 도서출판 학이당, 2007.

James W. Pennebaker, Ph.D, 이봉희 옮김, 『글쓰기 치료』, 학지사, 2007.

조태일, 『알기 쉬운 시창작 강의』, 나남출판, 1999.

최수묵, 『기막힌 이야기 기막힌 글쓰기』, 교보문고, 2011.

한성수 · 엄윤숙 쓰고 엮음, 『조선지식인의 글쓰기노트』, 포럼, 2007.

한승원, 『한승원의 글쓰기비법 108가지』, 푸르메, 2008.

헨리 데이빗 소로우, 강승영 옮김, 『월든』, 이레, 1993.

황대권, 『야생초 편지』, 도솔, 2002.